U0100690

大展好書 好書大展

實用心理學講座

17

掌握潛在心理

多湖輝／著
程　義／譯

大展出版社有限公司

序言

你心中是否抱持如此的疑問？

為何從鬼屋走出的一對情侶，會比尚未進去之前更加親密呢？

為何在厭煩毫無價值的工作之時，突然受到上司的讚賞，就會改變心意，更加努力一番？

為何一聽到今天是大拍賣的最後一天時，就不由得衝動地購買一些無用之物？

讀者也許奇怪，為何提這樣的問題？不如暫且不談，趕快讓大家知道如何操縱人的方法吧！可是，請各位稍待一會。因為上述現象和操縱者並不是沒有關係，相反的，這些問題——存在著操縱方法中很重要的暗示。

為何會發生這種現象？表面看來，因果似乎毫不相干。譬如：「進入鬼屋」跟「增加親密度」、「受到讚賞」和「毫無價值」，或是「今天是拍賣最後一天」與「購買不需要的東西」。任憑如何盡力去追究表面的因果關係，也無法有令人滿意的說明。因為，這些問題與人類心理結構的原動力——潛在心理，有著密切關係。

所謂「操縱人的方法」，並不是一種勉強的行為，而是按自己的本意操縱對方，使對方由其本身的意願去採取行動，否則就不能稱為操縱人的方法。也許各位認為很困難，但事實絕非如此。有各種苦惱煩悶的人，要用更困難的方法來操縱。譬如：公司上司無法引導出部屬進取的精神，商店老闆無法提高顧客的購買欲。

有這樣煩惱的人，才會想要去用困難的操縱方法。他們大半發動「正面攻擊」，厲聲斥責對方，一本正經地反駁，想要說服對方。對方反而更加堅持相反的意見，下決心抵抗到底，灰心與不信任感與日俱增。若能特別注意到對方的潛在心理，那就更容易地利用自己的意思來操縱對方。

不管是公司老闆、管理幹部、營業人員、教師，或父母是否有意識地去運用高明的操縱技巧，都必須針對對方的潛在心理，加以靈巧利用。本書中收集許多古今事例，令人驚訝的是，所有事例都是巧妙地運用潛在心理，不必強迫便可輕易操縱對方。本書特別將這種操縱方法，命名為「潛在心理術」。

這是筆者的持論意見，筆者認為本書是提供使人更能夠交流智慧、知識的心理學，尤其在這個須加強人際關係的時代，相信本書可以實際地去應用。

目錄

第二章　操縱對方感情的潛在心理術

第三章 操縱對方行動的潛在心理術

第一章 操縱對方心意的潛在心理術

•一定使對方答應的方法•

將頑固的反對者變為可靠的贊同者

＜脾氣彆扭者的心理原則＞

方法1　改變對方反對的心理

對寫著「不可偷看」牌子的好奇心理

太平洋戰爭時，美國在日本的廣島、長崎投下人類第一次的原子彈，其中，在心理學上，值得研究的是軍人在使用具強大殺傷力的武器，導致心理矛盾苦惱，這惡夢將如何伴他們度過後半生？

他們只是凡夫俗子，在戰爭初期，對投擲原子彈有著猶豫不決的心理。日子一久，大多數的士兵，硬起心腸充滿自信地支持戰爭。這原因在思考範圍之內最有力的答案是——戰後，四周的人對戰爭的殘酷，有著人道主義的評論。這種批判使得參加戰爭的士兵，將自己的行動正當化，確信戰爭是正確的。

其實，不僅是士兵，任何人正面受到批判，馬上就會違背自己的本意而改變態度，有不願接納對方批判的潛在傾向，這就是所謂「脾氣彆扭」的心理。

再提出比較容易明白的例子。有一段時期，各方爭閱日本男性雜誌特別報導的「秘聞」，這情形與上述士兵心理有異曲同工的地方。秘聞內容雖非十分精采，但是，無法公開的事，人們就愈好奇。

再舉個淺顯的例子。有一道平凡無奇的牆，牆上有個洞，經過的路人，誰也沒興趣去偷看。可是，一旦在洞口貼「不可偷看」的字條，情形就完全改觀了。有一位心理學家實際去做這個實驗，秘密地拍下路人對洞的反應，結果，發現經過的人一發覺周圍無人時，便會好奇地去偷看。

寫過『精神的發展過程』的詹姆斯·魯賓遜，說過如下的話。

「人們很自然地經常改變自己；但一受旁人指責時，會立刻動怒，徹底堅持自己的主張。實際上，人們各自抱持不同的信念，互不干涉，直到有人想要改變自己的信念時，才會產生抗拒、一味地反對的心理。」

按魯賓遜所說，人具有一種越禁越想做的好奇心理，禁止程度愈強，欲望也就越強。只要善用這種心理傾向，想要把頑固反對者的頑強態度，戲劇性地轉換一八〇度，並非毫無可能。甚至對一個「不想再活下去」的人說：「早點去死吧！」那人眞會去死嗎？答案是否定的。

封閉必然反對者的方法

譬如在說服對方時，不問原由就指責對方：「這是你的錯。」對方一定會反駁說：「不，那

自己先認錯，對方就不好意思再追究下去。

絕不是我的錯。」

因此，要說服對方時，不妨讓步地說：「也許是我的錯……。」對方反而產生不好意思的心理，開口說：「不！沒這樣的事，我可能也有錯誤啊！」相信對方絕不會說：「是啊！一定是你的錯。」像這種唯我獨尊，自信心強的人，是絕無僅有的。若碰上這樣的人，任憑用什麼潛在心理術，還是不可能說服對方。

老練的推銷員都精通脾氣彆扭的心理，汽車銷售尤其是競爭特別激烈的行業。在這行業出人頭地者，回憶當初經常「甜言蜜語」地對客戶說：「說起來眞丟臉，公司的汽車雖然很少出毛病，但也不能避免地會有小誤失，公司盡量努力改進，不會再有第二次的情形出現。假如發現車子有毛病請馬上通知，我們立刻爲您服務。」

站在客戶的立場，做夢也想不到推銷員會如此說。客戶終於起了一種脾氣彆扭的心理，完全相信推銷員的話，決定買車了。推銷員若遇上挑剔車子毛病的客戶，可以婉轉的說：「大概是公司方面有問題，不必擔心會有麻煩。」或許，客戶情緒會因推銷員這樣的說辭鎮靜下來，不發脾氣。

不但推銷商品要如此，想要推銷構想時，也可以利用對方脾氣彆扭的心理。人受到別人單方面、暫時強迫性的意見，本能上總會引起一種排除別人意見的反應。因此，擬定構想的人在對方面前，故意提出反對自己的構想，相對的，對方就會產生贊同的意思。

使用風箏做雷電試驗，並且是美國著名的政治家富蘭克林先生，也提到利用脾氣彆扭的潛在心理術的精華內容。他說：「爲了說服對方，就必須將你的意見，溫和又正確地表達，立刻說：『我是這麼想的，說不定其中有錯誤。』對方一定會將你剛說的意見，當做好像自己的意見似的，反過來說服你。」

＊對頑固的反對者，首先，承認自己意見的弱點。

＊對拒絕提親的女性說：「是的，你說的也有理，你有權選擇生活方式。」先暫時放棄本身的意見。

方法2 强調小共同點，使對方認為那是屬於全體

〈擴大共同點的原則〉

軟化頑固反對者最初有效的三〇分鐘

美國第十六任總統林肯，曾說過「民有、民治、民享」等不少的名言，他對說服術的見解如下：「開始與人辯論，想要駁倒對方時，首先盡可能找出彼此意見的共同點。」他著名的解放黑奴演講，開端三〇分鐘的論點，連反對者都想要贊成。然後，林肯再慢慢地把反對者拉到自己的陣營。如此，就成功地說服對方。

從潛在的心理看林肯的說服術有二要點：一是使人對自己所發表的意見，抱持著較大的信任感，這是一般法則。第二點是使對方主觀地認為是自己的心意，其實是很巧妙地被誘導為說服者的目標。

林肯如此好的演講技巧，其關鍵便是開端的三〇分鐘；也就是說，長時間地強調正反意見的共同部分，藉此把對方心理誘導到接納的狀態。若一開始就強調正反對立的部分，相互間的隔閡必然會加深加大。所以，當對方處在反對的心理狀態時，要說服對方是不可能的；應該在最初的三〇分鐘，先軟化反對者。

舉例說：在談判的場面，若一開始就想先解決最重要的難題，以爲解決大難題後，剩下的就簡單了，這絕對是錯誤的想法。既然是難題，對方一定早有心理準備。

在這樣的場合，一個有能力的談判者（交涉者），會先提出最簡單的問題做議題。然後發表自己簡明的意見：「沒有什麼特別問題吧！至少關於這個條件，大家意見完全一致。下一個事項與剛討論的這一件，沒有太大的差別……。」如此繼續地談判下去，必然會獲得一致通過。即使不得不討論最嚴重的問題，十之八九仍可以預測成功。

製造強大的假想敵，促使敵我聯手合作

上述談判裏，一開始就在毫無對立關係的情況下進行，這麼一來，在人的心底，不知不覺地形成潛在心理。再反覆強調：「剛才的談判中，各位已經瞭解到主題上，彼此的意見是互相一致。」把小處的相同點擴大解釋，讓對方以爲彼此好像已站在「共同的地盤」，其實，這是一種錯覺。令人意外的是在雙方愈對立，愈合乎邏輯的情況下，潛在心理術的效果也愈大。

此外，擴大小共同點的方法，可以當做「共同的敵人」，更強有力的應用。『孫子』中有「吳越同舟」的成語典故。敍述原本是宿敵的吳越兩國，因爲面臨大國魏的威脅，不得已聯手合作，對抗共同的敵人。

一旦出現強大的共同敵人，即使向來處在敵對狀態，也會協力合作對付共同敵人。維納克和

阿可夫的實驗，就目光銳利地看出人們這種微妙的心理狀態。首先，每三人爲一組，做很簡單的遊戲，以互相競爭來得分，只有一人會得到勝利，這三人便處於敵對關係。但只要其中一人特別優秀，不斷獲勝，其他二人就會聯合起來，共同阻止優秀者的行進。

實驗結果，不出所料，所有的受驗者都有弱者聯合對抗強者的情形，這就是「吳越同舟」的心理翻版。

只要巧妙的應用上述的心理結構，就不難解除對立關係中，對手的警戒心，將對方的意見、態度，誘導到對我方有利的一邊。譬如：在同一市場競爭激烈的中小企業之間，因糾紛而陷入無法妥協的緊急狀態。此時，只要對大家說：「這樣繼續敵對下去，占漁翁之利的是大企業者。」讓大家切實地體驗危機感，就會將目前利害關係對立或情感的摩擦減低，轉而互相積極地協談，產生和諧的氣氛。

*談判從彼此容易認同的問題開始。

*若對方強硬地反對，就可暗示共同敵人的存在。

方法3 以情感突破法理

千鈞一髮之際，「感性」的一言竟然扭轉乾坤

〈形象效果的原則〉

這是發生在美國的判決實例。

地下鐵車站裏，有一位少年從月台跌落到軌道，不幸地，被剛開進站的電車撞傷，雖保住性命，卻壓斷雙臂。於是，這名少年便控告地下鐵公司；地方法院的審判，不認爲地下鐵公司有過失刑責。再上訴到高等法院，高等法院的判決似乎對少年仍然不利。在凝重的氣氛下展開最後的辯論，終結陪審員全體一致同意原告少年勝訴。

爲什麼陪審員的判決會有一百八十度的大改變？關鍵在結辯時，原告律師說的話：「昨天我與這位少年一起用餐，看到他直接用口去吃盤子上的食物，不由得悲傷地流下淚來。」

人畢竟是感情的動物，感情往往比道理，更可以改變人的心意。表面看來，富邏輯的判決意見，在暗地裏，還是有不少是受情感的支配。所以，用情感做突破的前提，同樣是把反對變成贊同的潛在心理術之一。

這聽來似是而非的道理，但經常堅持要合乎邏輯的人，也有經不起感情考驗的一面。日本名

要反對邏輯性的意見，使用「實物」來說服比較有效。

作家菊地寬的名著『若杉法官的立場』，就是描寫一位極重視人道主義的法官，他所判決的案件刑責都很寬大，多半是緩刑。不料有天晚上，這法官家遭到強盜搶劫，他才體會到強烈的恐怖感。自此之後，非常憎惡犯罪者，終於成爲一位執法嚴苛的法官。

變換可口可樂瓶而致富者
（反對的推翻方式）

想把感情或感覺當做說服的關鍵，欲使頑固的對方點頭應允，要儘量避免抽象的言詞，用能夠喚起對方鮮明形象的說話方式比較好。法國哲學家亞倫曾說過：「任何情形都不要用抽象的文字，文章內容最好多多使用石頭、金屬、桌椅、動物、男人、女人等，看得見的實物。」

亞倫所說形象鮮明豐富的文詞，如石、金、椅、動物……等現實的物體，在打動情感與感覺方面，具有更大的力量。與美國的象徵瑪麗蓮夢露齊名的可口可樂，關於其瓶子有著一段有趣的故事。這特別的可樂瓶是一九二三年一位名叫肯普曼・J・路特的青年，從女友的裙子式樣得到靈感而發明的。

青年很有自信地，拿著瓶子的設計圖到可口可樂公司推銷展示：「這樣的瓶子式樣不但好看，而且手握得很舒服，不會滑溜，試試我的設計如何？」公司方面，不感興趣地不理睬他。

幾天後，青年把瓶子的成品和玻璃杯拿到公司，他說：

「各位，請比較杯子與瓶子，那一個的容量多？」

全體異口同聲的回答：「當然是瓶子多。」

青年將杯中的水注入瓶中，水還未完全倒入，就從瓶中溢出。廠商本身一定有把少量可樂，顯現出多量的欲望。青年的可樂瓶經過實際證明後，最合乎公司的需要。

結果，瓶子立刻送到董事會討論；不久，公司與青年簽約，決定購買這種可樂瓶。這青年主要是利用現成實物來展示說明，打動對方的感覺才成功的。

可運用打動視覺、觸覺、味覺、嗅覺和聽覺，這五種感覺的說服法在商場的推銷上。譬如：布行的銷售員將想要推銷的布料，接二連三的在鏡子面前，為顧客披在身上展示。不必注重布料對顧客合適與否，直接讓顧客接觸布料，以刺激購買欲。又譬如：舶來品店內，店員總是對稍微露出有意購買的顧客說：「先生，女士，試試看吧！」如此來招攬生意。

百貨公司、超級市場的食品專櫃一定會有試飲促銷，這也是利用成品來推銷的例子。更高級的商品，有汽車的試開、售屋有樣品屋，這都是讓顧客瞭解商品最有效的方法。這種促銷方式，最重要的是在於它的精神，憑實際的觀感來說服對方，打動顧客的感覺，進而刺激其潛在欲望。

*若用理論無法說服對方，只有用「威脅」和「哭泣」來打動對方。

*對動輒要求賠償或抱怨的顧客，最好帶領參觀「製造現場」。

方法4 因時間緊迫，不得不改變意見

〈最後期限有效的原則〉

在最後截止期限內，找出有效機會

這是筆者的經驗談。下午一時開始的會議，拖延到五點多，似乎還沒有結束的意思，大家心裏都感到很厭煩。於是有人發言道：「我認爲該說的話已經說了，各位是否認爲問題可以歸納成三個要點？」於是，按照發言，明確迅速地整理出三個要點加以討論，會議終於能在六點之前結束。

回家後，慢慢回想會議的內容，才發覺這整理出的三要點完全錯誤，尚遺漏不少問題要點。後來和好幾個也參加會議的人談起，他們亦有相同的感覺，都被那位替大家整理要點的人所欺騙了。因爲全體參加者經過好幾個鐘點的討論後，身心早已疲倦不堪，因此，便同意他的話。由此可見，他的發言眞是「合乎時宜」，因他把目標著眼在時間上，發言才得到有效的結果。

在潛在心理的作用中，「時間」是非常重要的因素。在談判或會議的場面，愈重要的課題，愈容易在最後期限通過的事例特別多，這就是所謂「最後期限的效果」。簡直不勝枚舉。

談判大師柯恩受挫於日本式的「時間談判術」

這是美國著名談判大師柯恩的親身經歷。他代表美國企業去與日本企業談判，當他到達日本的羽田機場時，帶著旺盛的戰鬥精神第一位下飛機。日本企業界派二位代表來迎接他，派遣高級轎車送他到豪華的大飯店，柯恩對日本方面熱烈的招待，十分高興。在車中閒談時，一位日本代表說：「閣下要回美國時，我們也會派車送您，不知您回國的日期是那一天？」柯恩很感激日方的安排，從口袋中拿出回程機票，機票上記載著二星期後班機的時刻。

此時，雙方的勝敗立可互見。爲什麼?因爲日本方面並未讓對方得知談判的截止日期，但美方的最後期限已被日方探知。最糟糕的是，柯恩完全未覺察到事態的嚴重。

此後談判方式全都按照日方的步調進行，只是帶柯恩去參觀名勝古蹟，開歡迎會、招待會，最主要的談判卻一句也不提。直到第十二天，就是柯恩預定回國的二天前，好不容易才展開談判會議，但那天爲了要打高爾夫球，會議提早結束。第二天，因爲舉行柯恩的歡送會，又使會議半途結束。第十四天，也是最後一天，才認眞進行談判，當談判進入主題時，日方開著早就準備好的專車來接柯恩，只好在車內進行會談。

這次結果，可想而知是日本方面的大勝利。因談判條件對美方均不利，就算是鼎鼎大名的談判大師柯恩，也抗拒不了最後期限。這是在事前確實掌握到對方的談判日程表，才能夠實行如此

讓對方沒有多餘的時間，使之放棄小的不同意見。

有效的對策。

另外，也有因最後期限而成爲兩國談判關鍵的例子。這個歷史事件就是美越雙方爲結束越戰所舉行的巴黎和談。據說，北越在談判期間，將巴黎市郊的別墅承租二年，可知北越方面一定有充裕的時間來談判。

這種利用「時間上」最後期限的意識手法，應用於會議談判十分見效。例如：有反對意見的對方，若晚上有私事待辦，須早些回家；掌握這有利情報，盡量拖延會議，再提案。「今天開會，最好今天決定，談到現在仍無結果，索性徹夜討論。」如此一來，盡管對方的反對態度頑強，也可能推翻前議，一下子就談攏了。

要有良好的情報蒐集做後盾，才能利用時間把反對誘導到贊成，這是潛在心理術的要點。

*勿在早上進行困難的交涉，一定要放在設定對方感到焦急的傍晚。

*對方反對態度強硬，又希望提早結束時，不妨威脅對方，今晚將徹夜開會討論。

＜改變反對為贊成的潛在心理術要點＞

一眼就知道是固執己見的反對者，似乎不太容易說服。如果從正面直接指責對方「這是你的錯」，反而會招致情感上的衝動反對，即使理性的說服，仍會使對方防衞得更鞏固。這情形下最好使對方冷靜，好好傾聽他的意見，漸漸誘導改變態度。心理學上，把這種接受的態度叫做「容納」。

前述四種將反對改為贊成的方法，都是扮演誘導「容納」的角色，也是心理學臨床的協商（Counseling）中，經常使用的方法。一般人只要應用合宜，就會有充分的效果。現在，簡單地說明應用的適當時機及方法。

譬如：初見面，對方由於緊張過度，抱持不必要的警戒心與敵對心時，就可以用方法2。彼此談些平常或細微的話題，進而找出雙方的共同點，再加以擴大。

若已談到核心問題，忽然對方態度硬化，很固執的反對，就要運用第一種方法。

如果使用各種道理，仍無法軟化對方。那還是運用視覺、聽覺、觸覺、味覺、嗅覺，五種感覺來打動對方感情的方法3。

當用盡所有方法，對方仍無動於衷時，只得採最後期限的方法。

2 中立↓朋友 將「無所謂」改變成「必須」

方法1 不經意的暗示「偉人」說過這樣的話

〈權威效果的原則〉

無特別意見者易受權威者意見的影響

筆者有位朋友，經營一家老字號的西服店，顧客大多是有名的企業家、演藝人員、運動員等。他本身則是穿百貨公司的成衣，不知情的人初見面總是說：「老闆，不愧是一流的西服店，自己穿的西服也是頂呱呱的。」本來筆者這位朋友都會糾正說：「那裏，我穿的是百貨公司拍賣的現成西服。」

後來，不忍對方被澆冷水，只得笑嘻嘻地接受這奉承話。

有位名建築師也遭到同樣的情況，他在市郊購買一棟由建築公司所建造的中古住宅。搬進去住之後，訪客都異口同聲地稱讚：「哇！好棒的房子，不愧是名建築師的作品，看來就是與衆不同。」建築師聽完讚美後說：「不！這是中古住宅，並非我的作品。」他將事實揭開後，對方失望又不好意思的樣子，被他當成欣賞的樂趣。

這二則事例，顯示人們容易服從比自己優秀，或有權威的第三者的判斷意見。尤其，在自己無從判斷或不太在意的事物時，這傾向就更強烈，心理學上稱爲「權威效果」。所以，在對方猶豫不決時，最好使用「權威效果」，讓對方聽從自己的意見。不妨用偉人或有名的論說來左右對方，將其誘導到自己所希望的方向，不僅成功地打動對方，也把反對轉變爲贊成。

「權威效果」的威力程度，已經過心理實驗證明。例如：心理學家將同一首樂曲，灌爲二張不同唱片，讓多位受測者聽過之後，評論哪張有優異的音樂效果。這時，心理學家先對受驗者表達自己的意見：「根據名樂評家的意見，甲唱片要比乙唱片效果差。」實驗與預測一樣，大半的受測者都被先前的意見左右，而改變了事實。

為何請高知名度的人物做電視商業廣告

另有一種以高中生爲對象的心理實驗，讓他們先聽同一主題的演講，主題是「希望當局從輕發落少年犯的刑責」。尚未演講就先介紹三位演講者：法官（權威者）、家長會代表（中立者）、被保釋的毒販（低權威者）。演講結束後，調查聽衆對此次演講的認同率。

結果顯示，學生們對演講者的認同率，依次是法官七三%，家長會代表六三%，毒販的支持者僅有二九%。

根據以上實驗可知，人們總是容易被權威者的判斷意見所影響。只要社會上發生特殊的大事，報紙、電視一定請大學教授或評論家述說意見，目的要讀者、聽衆認同報社、電視台的報導權威。所以，商品廣告的促銷活動，總要邀請高知名度的人物參與，也是借重心理學上的「權威效果」。

*若欲使主管接納自己的意見，最好多加一句「董事長也是這麼說的」。

*用孩子們喜歡的人物言行，來說服孩子。

方法2　運用「欺詐」手法，令對方採取同樣行動

＜贊同行動的原則＞

在多人圍觀的場面，產生了湊熱鬧的心理

人類具有做效大多數人行動的特別心理，流行趨勢和街頭圍觀就是最好的印證，心理學上稱做「贊同行動」。美國心理學家米爾葛拉姆，曾做過有趣的實驗。雇用一些預先知道實驗的人，集合在紐約的大道上，故意地抬頭望著對面的大樓，以便觀察路人的反應。

結果，「欺詐」的人數不同，路人的反應也有差異。當有三個欺詐者時，路人暫停抬頭看的占六〇%；有五個欺詐者時，路人的反應就占八十%，會造成一堆人牆。

根據實驗可以知道，人大多具有「團隊行動」的傾向、希望與別人相同的潛在心理。例如：百貨公司、超級市場大拍賣時，主婦們爭先恐後購買的場面，相信大家都見識過，這也是潛在心理的因素。

並非十分需要購買的物品，因爲別人如此，自己也不自主地購買。看來平凡無奇的飲食店門口竟排著長龍，有些不錯的店卻門可羅雀，因爲人們心想既然那家門庭若市，一定很好吃，於是造成這種情形，也是「團隊行動」的潛在心理。

促銷隨身聽的心理戰術

贊同行動，並非只有在「集合」與「排列」的場合出現。從各種實驗中，瞭解到人的判斷、態度、嗜好，總按照某一團隊的方向而變化。因此，只要使用「欺詐戰術」，就可以把猶豫不決者，扭轉爲贊成我方的「贊同行動」。要使不用功的孩子，變爲自動用功的孩子，與其對孩子訓誡說教，不如讓他參加用功孩子的集會，效果會更好。會議中，欲使不願發言的員工發表意見，可以預先埋伏「欺詐者」職員，接連地發言，以使其他員工採取「贊同行動」，踴躍發表意見。

事實上，此種刺激潛在心理的方法，廣泛被運用在各類的行銷策略上。有一家冰淇淋連鎖店，開幕時雇用許多工讀生，佯裝顧客在店門口排隊購買，藉以吸引眞正的客人，這的確能成功地招攬很多的客人。

年輕人十分流行的新力牌隨身聽剛發售時，新力公司雇用許多年輕學生，故意在車內手拿隨身聽，愉快地收聽音樂，於是年輕人群起仿效，使得新力牌隨身聽大爲暢銷。這也是利用大家「團隊行動」的心理。

*會議席上，有三人以上發表同一意見，即使是微不足道的意見，也可以成為領導全體的意見。

*說服無意見的對方，不要由一人說服半小時，最好由三人各十分鐘時間來說服，較有效果。

愈沒有意見的人，愈容易引起「同調行動」。

方法3　利用「大家都如此」的話，激起對方與別人不同的疏離感

＜採取同一步調的原則＞

用「大家都買過」一言，誘使客戶附和的行銷策略

推銷員的甜言蜜語中有如此的道白：「這東西大家都買過了。」或「我們已賣給鄰居太太和對面太太各一打了。」這是巧妙地利用「贊同行動」心理的一種推銷手法。推銷員利用人們「團隊行動」的潛在心理，使大家採取同一步調。若使用得當，能輕易地把猶疑不決的對方，玩弄於股掌之間。

關於人們的團隊心理，有一個著名的心理測驗「艾斯的實驗」，現在即向各位介紹測驗內容。

艾斯將畫有一條線和三條線的二張卡片排列起來，要九個人一組的受測者觀察後，回答第一張卡片上的線與另一張卡片上的三條線中那一條相同。當中的八人是假的受測者，這八人代表「大家」，早就被指示要做錯誤的回答。眞正的目的是要觀察第九個實際受測者，聽到「大家」的回答後有何反應。

實驗得知，大半受測組的眞正受測者，都受到「大家」的影響，提出與多數相同的答案。這些眞正受測者，即使知道錯誤，也不得不與大多數意見採取同一步調；無意識中，下了錯誤的判斷。

特別容易採取「群體行動」的日本人

社會上流行一句成語「附和雷同」，可見，人們不管事物正確與否，總是對「群體」的意見，採取同一步調的傾向。日本人被認為具有強烈的「附和雷同」傾向，也形成日本的國民性。

因為害怕自己落伍，或怕被人取笑自己懦弱、被視為異端。所以，大部分的日本人，盡量與別人抱持相同的意見與行動，避免和人顯得不同。

外國人批評：「日本人充滿畫一性，日本是個群體主義的社會。」這大概是外國人對日本人具有強烈的「贊同傾向」、重視精神作用，所發出的一種評論。

任憑對方如何判斷，只要提供「大家都如此」的資訊，即不難改變處於「無所謂」狀態的對方心理。

*說服「無所謂」的對方時，加一句「這是大家的意見」，立刻會有效果。

*解開「無所謂」的對方懷疑時，只要說「大家應該都知道此事」，就能化解疑問。

方法4　斷然地先說我方意見，再聽對方意見

〈前提資訊的原則〉

使對方在潛意識中，變成主張我方的意見

例如問對方「你最喜愛什麼顏色？」各人回答必定有所相異。若事先提供「今年最流行綠色」的訊息，雖心中喜愛各有不同，答案卻會不自覺地改成綠色。像這樣先提供問題的前提資訊，很容易使無明確意見的對方，贊成我方的建議，不失爲一種有利的武器。

筆者有一位經營汽車買賣的朋友，很擅長會議戰術。開會時，首先敍述提案的大體輪廓，並表示那是自己的想法，其他的就請員工們充分討論。參加的員工都熱烈的檢討，並歸納出一個結論。此時，這位朋友才發言道：「我們就用大家決定的範圍進行。」宣佈散會。

員工們因爲是由自己主持會議，因而心裏十分滿意。其實通過的結論，最主要的內容仍是這位朋友的構想。他預先提供前提資訊，使員工不知不覺間受到影響。也就是先把九〇％的大體內容決定好，對大家鼓吹自己的想法，故意留下一〇％由員工修改，如此一來皆大歡喜。

這樣的議事方法，不一定是專制主管的特權，也可應用在其他的事物上。只要事先提供包含有我方意見的前提資訊，再徵詢對方意見。對方愈是沒意見，就愈容易受到前提資訊的影響。還

有一種應用前提資訊，構成更複雜的潛在心理術的方法，稱爲「錯誤的前提暗示」。故意把錯誤的前提資訊提供給對方，使其以爲雙方抱持相同的意見，而輕易地贊成我方的意見。

日本成城大學教授崛川直義氏，已在心理學實驗上證實「錯誤的前提暗示」的效果。崛川氏邀請經常訊問犯人的資深刑事做爲受測者，先讓受測者看幾張圖，然後進行簡單的問答。有一張圖畫著一隻手錶，正確地顯示十點，問：「圖中的錶是幾點？」大半受測者都說出正確的答案。

但改變質問方式，問：「圖中的錶，是二點或九點？」結果，大家總回答：「大概九點吧！」大都照著問題的數字來回答。可見，錯誤的答案是受到「錯誤的前提暗示」的影響，使得判斷因此產生錯誤的導向。

促使尼克森總統下台的「反覆暗示」

反覆述說可以強化前提資訊的效果。最典型的例子是電視的商業廣告，以反覆效果爲目標，提供消費暗示。某位愛爾蘭政治家，說出演講的秘訣：

「先講這一場演說的主題，其次再說明演說內容，最後，重覆一遍剛才的話。」

就是利用反覆暗示心理誘導術的菁華。

美國人民彈劾前任總統尼克森瀆職的事件，與其說是暗示的因素，不如說是利用反覆效果來改變國民態度。當初，調查有權彈劾者的意見，反對者占九二%，理由很多，如「不可有如此情形發生」、「這樣未免減弱總統的權限」，有的認爲「恐怕會對後代子孫，留下惡劣的前例。」或者「這將有損美國偉大的形象」等等，衆說紛云，莫衷一是。

三個月後，再做輿論調查，反對者減少到八〇%，再四個月後，減少到六八%，一年後調查發現，有六〇%贊成彈劾總統瀆職。可知，由於彈劾瀆職的資訊反覆流通，致使反對者的態度轉趨爲贊成。

＊沒有強硬的反對阻力時，僅僅說一句「好像已經決定了」就會成為決定事項。

＊雖是無關緊要的意見，但對方無特別的反對，只要反覆加以說明，就可以把對方誘導到贊成的地步。

開端的決斷性意見，可領導全體會議。

＜將中立者誘導到贊成我方意見的潛在心理術要點＞

如何令對某一事物抱持中立態度，也就是沒有自己特別意見的對方，誘導到有利我方的一邊，並且，讓對方以爲是按照自己的意見進行，必須應用潛在心理術的要點加以詳細說明。若強制地使對方贊成，並非獲得眞正的同意，誰也不敢保證是否會有致命的後遺症。

因此，技巧地應用心理學上的暗示作用，讓對方產生「希望與他人相同」的潛在心理，使接受資訊者不自覺地受到提供資訊者的暗示，按提供者的意圖採取行動，這暗示所運用的資訊稱爲「刺激暗示」。譬如：「偉大的人物」、「大家都如此」，或「欺詐」手法、「二點還是三點」

，這類的資訊是具有代表性的「刺激暗示」。

比較顯著的暗示，其中之一的特徵是不要試圖推翻對方的合理判斷，應專注在感性氣氛中，提供持續性的暗示才能發揮強大的力量。只要打動情感，自然而然會受到暗示。特徵之二是反覆提供賦予方向的資訊。對方好像自己選擇似的，朝暗示的既定方向前進。令人感到有趣的是，容易受到暗示與對問題的瞭解程度有密切關係。換言之，對被暗示的事物缺乏詳細的瞭解，也沒有明確意見的中立者，很容易受到暗示效果所支配。暗地調查對方到底有多少這方面的知識，或許也有所幫助。

3 迷惑↓決斷 促使猶豫不決的對方提早答應

方法1　使對方著眼在不是選擇「什麼」，而是選擇「那一個」

〈兩者選一的原則〉

成功地得到女性承諾的心理戰術

『竹取物語』是日本的童話故事，故事中的女主角是漂亮的公主，衆多的求婚者中，沒有一位中意的人選，並且對每一位求婚者都提出難題，逼使對方知難而退。從古到今，類似公主這般態度的女性也不少。但世上大部分的女性並無特殊理由，只是一下這樣，一下那樣地猶豫不決，遲遲不做結論。

筆者朋友的千金，是個衆所周知才貌兼備的淑女，卻如『竹取物語』中的公主一般，一直婉拒男性的求婚。並非不願與男性交往，但提到婚事就推三阻四，猶豫不決。使得熱情的男性也逐漸不耐煩，放棄了求婚的念頭。

不料，去年她卻很乾脆的下決心結婚，這新郎既非特別優秀，也不是瀟灑多金型。在不知不覺中答應對方的約會，瞭解對方的工作狀況，並被介紹認識男方的家庭，終於有一天左手的無名指，被套上訂婚戒指。

事後，女方對人說：「好像是被他的心理作戰所迷惑。」兩人的交往過程似乎十分順利，在男方漫不經心的談話中，很快地決定結婚。根據筆者的所知再加上想像，兩人初次約會的談話大概是如此。

「你喜歡打網球還是看電影？」

「電影比較有趣。」

「那麼喜歡看日本片還是外國片，大概愛看外國片吧？」

「也不一定，像現在在涉谷劇場上映的A導演的新作品，那是日本片，可是我也蠻有興趣的。」

「那麼這星期的假日，我們去看這部電影，好嗎？」

結果女方輕鬆地回答：「好吧！」以後回想，怎麼不自覺地答應對方。女方的本意是要開口拒絕的，誰知會成為這種局面。本來，對約會應有是與否的選擇，假如是肯定的答覆，還要對內容做A與B的選擇。但男方問題中省略了前者，不讓女方有選擇否定的機會，很有技巧地用選擇A或B取代選擇是與否。

聰明的女方為何被這種心理作戰所欺騙，令人百思莫解，但仍然建立了人人羨慕的幸福家庭。

對「是茶還是水?」的問題，不能回答「再盛一碗飯」

由此可知，女方雖佯裝著男性無法說服她應允婚事，心底依然蘊藏有強烈的結婚欲望。若要引導出她的潛在心理，讓女方採取行動，就需要去除將潛在願望顯露出來的阻礙。

這些阻礙包括有：資訊不足引起的不安警戒心，或「想結婚，但正處在無法結婚的環境」的矛盾狀態等。朋友千金的情形大概是由於資訊過多，同時多方面地考慮各種可能性，使得她採取保留行動。也就是不以現狀爲滿足，認爲以後也許會有更好的對象。像這樣無意識地，對婚姻採取保留態度。

因爲女方認爲可能還會有更好的選擇，針對女方的潛在心理，男方提出「是A還是B」的問題，促使對方在兩者之間擇一。表面看來，似乎是很尊重女方的選擇主體性，事實上，把女方的選擇自由大幅度的加以限制，使女方變爲易說答案的心理。

不只是女性，任何人受到別人質問是「A或B」時，都會忘記A與B以外的選擇，很輕易引起錯覺，好像非要在兩者間選擇一種不可。所以，這男方的問話，純粹是一種「潛在心理術」的巧妙應用。

這種並非選擇「什麼」，而是選擇「那一個」的潛在心理術，主要是封鎖對方期待第三種選擇的可能性。

「自由選擇」可使對方不再迷惑。

最好的例子，是在一個笑話中，有個成天無所事事的小廝，寄食在別人家裏。食量奇大又不做事幫忙，令那家的太太很傷腦筋。

有一天，小廝在吃了二碗飯後，又想盛第三碗，太太說：

「你是要水，還是要茶？」

這遊手好閒的小廝，再也不敢添第三碗飯了。

笑話裏的太太爲何不說：

「要添飯或是要倒茶？」

因爲她不願再讓小廝添飯，所以，只用水和茶來做選擇。將選擇的對象縮小爲兩者選一，便容易誘導猶豫不決者做決定性的行動。

推銷員也會有效地應用如此的心理結構。

例如：訓練有素的服飾店店員，遇到猶豫不

決的客人時，絕不會問：「你喜歡那一件？」一定問：「你喜歡黑色那一件，還是紅色的？」這是刺激購買欲的暗示前提，促使客人判斷那一種顏色適合自己。

二者選一的原則，還可以用來從事更有方向性的心理誘導。以現成的實例來說：「你喜歡有個性的黑色，還是一般性的紅色？」客人聽到「一般性」的字眼易產生反感，因而決定購買黑色，這是具有誘導方向的心理術。

*對就業猶豫不決的學生，讓他決定「是就業抑或升學」。

*若對婚姻猶豫不決的女性，要讓她決定「戀愛結婚抑或相親結婚」。

方法2 强調兩者選一中，其中一方的不利，誘導對方選擇另一方

＜兩者選一的原則＞

先分好壞，使對方選擇我方所希望的方法

前述的方法1是逼迫對方，一定在兩者之間有所選擇，完全排除選擇第三者的可能性。無論選擇那一方，兩者之間並未有任何的好壞之分。

但用這樣的方法，侷限對方在兩者之間一定選某一個時，力量仍嫌不夠。

例如：參加選擧的候選人，在許多競爭對手中，不要指示選民選擇「什麼人」，要迫使選民決定要選「有力的候選人或是我？」只有兩者，沒有其他的選擇餘地，至此與方法1相同。接下來，如何令對方一定選擇自己呢？

美國的演說大師艾爾瑪．荷伊拉認爲在選擧演說中，對猶豫不決的選民說：「你們要選我，還是選對方？」這種兩者選一的說法是不智的。必須要如此說話，才能打動選民的心：「各位，究竟要與我共同選擇繁榮，還是要與對方一起選擇不景氣？」

總之，以「兩者選一」的方式，先把目標集中在兩者，下一步再強調其中之一的不利面，誘

導對方選擇另一個。只要把選擇對象縮小爲二，徹底強調其中一方的負面效果，剩下的另一個就會成爲選擇目標。

因爲有許多人一旦面臨選擇，就會產生猶豫不決的心理。這種方法可以斷絕迷惑，滿足人與生俱來「分出黑白」，與「一決雌雄」的潛在欲望，對人們具有很大的吸引力。

如何使「無法上一流學校念書者」，愉快地到二流學校念書

根據史實，荷伊拉提倡的「潛在心理術」，被應用在不少偉大政治家的名演說中。殺害凱撒並說服羅馬元老院議員的布魯特斯，他的演說中有段話：「凱撒死後，我們大家可做自由人，保住生命；若凱撒不死，唯有做奴隸等死，難道你們希望做奴隸而死嗎？」

這番話說得很好，封閉其他可能性，斷絕聽衆猶豫不決的念頭，是潛在心理術的好例子。

促使美國脫離英國而獨立的派特立克．亨利的名言：「你們要自由還是要死亡？」這是揭開對英國獨立戰爭的宣戰通告，也是要美國國民選擇獨立與否。對美國人而言，是拿國家的生存做賭注，萬一失敗，便成爲英國的反叛者，將遭到制裁。所以，表決的議員中，少不了有猶豫不決者。

但亨利的此番話，竟消除擧棋不定的心理，毅然決然地通過。完全靠著亨利的兩者選一原則，「你們要做鎖鍊束縛的奴隸，還是要與英國作戰？」和「給我們自由，不然就給我們死亡」。

這兩句話使得當時的議員，下定決心與英國作戰。

平常只要遭受一點點的抵抗阻力，迷惑而無法選擇時，只要應用這樣的心理戰術，就能引導到下決斷實行的道路。如果用這種心理戰術，對準備高中聯考的考生與家長說：「要勉強地進入一流學校，一天到晚爲了競爭而成爲自卑感的俘虜；還是進二流學校，卻能適合自己的能力來用功，培養自信，好呢？」或許可以說服考生和家長。

＊進行生意談判，對方擧棋不定時，可以用「你要與我合作獲取利益，還是不與我合作，因而遭受損失呢？」這番話來影響對方。

＊對猶豫不決的改行者，用如此的話來說服：「你到底要改行，開拓新天地，還是一輩子屈居屋簷下？」

方法3　要表示「最後機會」「到此爲止」的狀況

〈限制效果的原則〉

把認為「還有的意識」改為「只有的意識」

人往往意想不到自己的內心存有各種潛在欲望，其中之一便是「是否還有更好的」的心理，這就構成了迷惑的原因。

人對事物的潛在意識，例如：「現在大概沒有問題」、「時機尙未成熟」、「這不是滿意的條件」等等。如果有以上的潛在心理，想要下決斷就非常的困難。本人雖未感到迷惑，但從第三者的眼中，看到猶豫不決的態度。

與「還有意識」對立的是「只有這些，再也沒有的意識。」人在認爲只有最後機會時，忽然間會變得大膽，很自然地把平常想都不敢想的事付諸行動。在這種急迫又僅有最後機會的情況下，很難產生控制自己的能力。

例如：百貨公司大拍賣的宣傳文句，一定會寫出「這是最後一次機會」。百貨公司如此地下斷言，果眞造成人們心理恐慌，認爲不把握最後機會，就會蒙受損失，於是，瘋狂地購買一些不需要的物品。這樣的宣傳文句，對愈迷惑的顧客愈有效。

人總具有「還有意識」的僥倖心理，容易延緩決斷的行動。百貨公司的宣傳文句有著限定時間的急迫感，因而突破阻礙決斷的僥倖心理。

百貨公司根據顧客的下意識心理，故意將拍賣的時間限定很短，如寫著「提供商品半價優待，限於下午一時之後的三〇分鐘」。像這般特別引用限定時間的宣傳，是利用「時間限定」來誘導決斷的心理結構。

宣傳限於三百部，就會刺激購買決心

當然，並非唯有時間可以限定，原則上，也適用於使用任何數量的條件。例如：商業廣告中的字句，「特別優待先到的前五〇位顧客」、「不惜血本、犧牲大拍賣，只限於今天」、「限定三〇〇台，按定價打七折」。經常可以看到這樣的宣傳文句，在數量上加「限定條件」的廣告，可說是瞭解人們心理的誘導術。

心理學上分析，這方法可使人由迷惑狀態一八〇度地轉變爲下決斷，最大的要因是，若不去購買有限的商品，總令人覺得悵然若失。若商品可以隨時隨地購買到，人們總抱著僥倖心理，引不起購買欲望。但只要給人「只有這些」，這是「最後一次」的印象，人們就會想去得到，至少會激起「非得到不可」的心情。

最近高級手錶的行銷策略便是少量多樣式，每種款式只限定生產一〇〇個。市面上，便宜性

「到此爲止」的意識，可鼓勵人們採取行動。

能好的手錶太多了，人們寧願花一〇倍、二〇倍的價錢去買這種高級手錶。理由是：大家認爲這高級手錶不易買到，奇貨可居。

因此，「僅有這些」的限定方法，是能有效地斷絕對方迷惑，很快地引導對方決斷的強而有力的潛在心理術之一。

＊對提親迷惑的老小姐，可以對她說：「明年恐怕不會有更好的親事。」像這樣來限定時間。

＊對介意價格，無法下決心購買的顧客，不妨暗示：如果現在不買，這東西還會漲價。

〈使迷惑成爲決斷的潛在心理術要點〉

現今社會，不少對任何事都抱著三心二意的人，只要針對對方優柔寡斷的潛在心理，不難令對方下決斷。

使人產生舉棋不定的最大原因，就是「還有意識」的僥倖心理。例如：「應該還有更好的條件」、「現在還用不著下決心」。就是這一種期待感及充裕的時間，使人們猶豫不決。這些人大都有資訊過多的現象，考慮到各種可能性，想要超越現有的條件，心底遂有「還有更好的意識」。隨著資訊化社會的密度越高，這類型的人也越多。

因爲一點點迷惑，導致迷失方向無法下決斷者，內心無不希望早些脫離這優柔寡斷的狀況。爲了決斷而去收集更多的資訊，愈難決定。要使迷惑的對方，下決斷的潛在心理術的要點，最直接的方法就是限制資訊的數量；或提早將「還有意識」的僥倖心理，從潛意識中去除。

爲了抗拒過多的資訊，從迷惑中引導出決斷，需要「限定」。由限定可以訂立三種心理方法，應付「還有意識」的僥倖心理。首先，對高度期望還會漲價者，要運用擊退「還有意識」的心理，把選擇幅度限定是A或B的方法比較有效。欲使對方選AB其中之一，要運用方法2，將限定選擇幅度集中強調單方的不利面。

若是要應付認爲現在做還太早的人，要運用消除「還有意識」的方法3。強調只有這些，沒有其他，限定時間的方法最有效。這時間不單是物理上的時間，也包括個數的限定數量。常常應用在商店、百貨公司的大拍賣，每每立奏奇功。

不信⬇信賴

贏取多疑的對方信任

方法1　使對方誤以爲我方已坦白秘密，完全認同我方眞誠

＜負面資訊的原則＞

在充斥不信任氣氛的會場，完成美國制憲的富蘭克林之心理誘導術

當年美國在費城舉行制憲會議，由於與會者的人種、宗教信仰、利害關係各有不同，因此開會之初，贊成與反對兩派就展開激烈的議論和人身攻擊，會場充斥著不信任的決裂氣氛。這時，身爲贊成派領袖的富蘭克林想要圓滿收拾這混亂場面，以順利進行制憲程序。於是，站上台去發表演說。

他一上台，反對派的噓聲此起彼落，富蘭克林充耳不聞，不慌不忙地說：「坦白說，我對這部憲法並非完全贊同。」

他此言一出，整個會場刹時安靜下來，贊成派的富蘭克林對自己主張的憲法，居然也有批評?!大家屏住氣息地傾聽下一句話。

富蘭克林觀察動靜，停了一會才繼續說。

以提供有利情報的方式，可消除對方的不信任感。

「但我也沒有不贊成的必要，也許大家在細節方面尚有異議，但此時，請各位與我一方面懷疑自己的主張完整與否，一方面簽名來通過憲法法案。」

由於富蘭克林的這場演說，平息了反對派強烈的不信任感，美國憲法才順利制定。

想要解除對方的不信任感，向對方強調「相信我的話」或「絕無此事」，全面地否定對方不信任的原因，對對方展開正面攻擊，這是徒然無效的，片面主張只會增加對方的不信任感。

若對某一事物勉強吹噓好的一面，人們總是抱持半信半疑的不信任心理，何況，對方早已抱著不信任感。

應該利用人的潛在心理，證實對方不信任的原因。

先提供對我方不利的資訊給對方，使其認爲

我方已坦白秘密，不自覺地被拉到同一邊，消除了警戒心，再加上對我方有利的資訊，對方就順利地贊成我方的意見了。

富蘭克林的演說術，即是利用這種方法。坦白說明對我方不利的「負面資訊」，反而會贏得對方信任。這點在下述的心理實驗可以印證。

某大學一項以學生爲對象的意見調查，主題是「是否需要一般教育制度」。第一次未對學生提供特別資訊，純粹調查大學生對一般教育的贊同程度。一週後分成二組，對其中一組學生，片面提供「一般教育爲培養人格形成與圓滿人格，所以，非常重要。」的資訊；對另外一組提供「一般教育未必對專門教育有益處，但是……」的資訊。統計結果，前者對一般教育的贊同程度，與前次調查大同小異，後者則迅速地提高贊同率。

負面資訊會刺激人的交流欲望

根據人類的潛在心理，負面資訊反而會引起人的信任感。這與人們害怕被斷絕交流、孤立有著密切關係。儘管陷入不信任的範疇，潛意識中，還是具有相信某一事物的欲望。不利的負面資訊能解除不信任的原因，成爲引起交流欲望的最佳動機。

富蘭克林的例子，便是有效利用不利的負面資訊，刺激對方的潛在心理，以便把對方的不信任感一掃而空。例如：想要奉承對方時，遇上對方不信任的警戒態度，若使用讚美恐怕會適得其反，更增加對方的不信任感。相反的，運用不利的負面資訊，卻可得到正面的效果。因此，使用合宜與否也是很重要的。

漢高祖有次召集親信大將開會，評論每一位將軍的本領。大將韓信說：「某某將軍能夠指揮五〇萬大軍。」這時，高祖趁機問：「那我如何？」這個回答十分困難，稍有差錯，恐怕會招來殺身之禍。其他人都不敢作聲，只聽韓信毫不在乎的回答：「陛下，無論做多高的估計，也只能指揮一〇萬軍隊。」高祖聽到此處，滿腔怒火。下句話卻輕易地使他轉怒爲喜：「陛下雖然不能統帥軍隊，卻是指揮將領的大將軍，也是有指揮大將能力的將王。」

人不可能對對方抱持著百分之百的不信任感。人們對對方的信任程度，經常處於搖擺不定的心理狀態。由提供不利的負面資訊轉到有利的正面資訊，能動搖對方心意，朝著信任的方向前進。

*「這些東西之所以廉價，是因為物品本身有故障。」公開這不利的負面資訊，就解除了不信任感。

*把好壞兩面同時傳達給懷疑的對方，這是有效的「兩面說服」。

方法2 辜負「期待任務」，使對方認為是「誠實」的人

〈落差效果的原則〉

聽到美女說「真了不起！」就會臉紅心跳的心理學理由

假如是相依十年的伴侶說：「你眞有男子氣概，眞了不起啊！」你大概會認爲她可能有目的，才這樣的稱讚你，不會特別的感動。但若換成初識的美女，說同樣的一番話，你一定會臉紅心跳。

人們此種的心理狀態，稱爲「阿隆遜的不貞法則」。這法則是人們對相同的資訊，只要提供者不同，接納的方式也不同，尤其從意想不到的人口中，說出意想不到的話，印象特別的深刻。

善加運用此心理結構，能使不信任的對方轉而信任我方，這就是辜負「期待任務」的手法。根據證券公司營業員的經驗談，愈優秀的營業員，愈不會稱讚自己公司的金融產品，卻相反的勸誘客戶投資銀行或其他公司的商品。奇怪的是，客戶就會願意委託那營業員全權處理資產的運用。

讀者也許認爲上述情形不合情理，但從人的潛在心理角度看，不無其特別道理。理由很簡單，由於營業員的工作性質是向客戶推薦自己公司的商品，客戶也期待著這種推銷商品的行動。但

出乎意料的，營業員卻推薦銀行的商品，辜負客戶期待著的任務，客戶心裡會認爲該證券行的營業員是可以信任的，於是被營業員本身任務之外的行動打動了，才委託營業員運用資產。

這種辜負期待任務的方法，不侷限於職業的問題。例如：違背我方原意，採取與對方期待的不同行動，也會有同樣效果。當對方心目中的期待任務被辜負時，會認爲我方是「誠實」的好人。有時，轉瞬間也能把多年的不信任感一掃而空，而且不信任感愈強，落差效果也愈大。

因辜負「期待任務」而成功地與列寧合作的日諜

高度技巧地使用此種方法的，首推日俄戰爭中，日本的參謀軍官明石元二郎上校。明石上校爲了促成有利的戰況，欲使交戰國的俄國內部發生革命，於是暗中與俄國革命家列寧秘密會面。帝國主義國家的間諜與共產主義者的秘密接觸，必然籠罩著強烈的不信任感。明石上校表示日本願意對列寧領導的革命團體，做資金方面的援助，但列寧不信任明石的建議。明石上校乃大力說明這次的合作，日本方面所獲得的利益。按一般常理，應力言列寧與日本合作對俄國革命如何有益。但明石上校一直反覆說明日本利益，終於得到列寧信任，雙方順利地合作。

一般談判都強調雙方利益，但明石上校卻盡說自己國家的利益，成功地辜負列寧原本的期待。任何人對對方的任務，都會抱著先入爲主的觀念，要想突破成見、動搖對方心意，接受我方的意見，就要運用這種方法。

*為了贏取上司的信任，當面說上司的壞話，有時也會奏效。

*對懷疑丈夫有外遇的妻子，故意地說：「我在外面是很受女人歡迎的。」

<將不信改變爲信任的潛在心理要點>

人之所以會陷入不信任的心理狀態，最大的原因是不安。由外界所得到的資訊是意想不到的好條件時，爲是否要相信而感到不安，這種不安即造成不信任的動機，接著逐漸擴大不信任感。因此，爲避免給對方不信任感，對提供資訊的方法應特別小心。

提供資訊給對方，必須針對對方潛在心理下的交流欲望，給予其刺激。造成不信任的原因，是一種拒絕與對方交流的態度。必須解決這原因，讓對方有心理準備，接受我方的提議。

所以，看來像是公開我方秘密的利用資訊或辜負期待任務的方法，其實最有效。

對方有輕度的不信任感時，運用方法1，提供不利的負面資訊。若對方有著強烈的不信任感時，運用方法2，辜負期待任務，能表現出最大的「落差效果」。

第二章　操縱對方感情的潛在心理術

・使對方自然產生好感的方法・

方法1　故意地表現拙劣面，以刺激對方的優越感

〈失敗效果的原則〉

明石家氏當選「最受歡迎男演員」的心理學理由

日本電視台，一年一度電視觀衆的意見調查，「誰是今年最受歡迎的演員？」發表的結果，「最受歡迎」的男演員依然是明石家氏。筆者幾年前在電視上，第一次看到此人的演技，認爲明石家與過去演員有些不同，即一直注意其動向。

嚴格地說，明石家沒有特殊才華，聲音是嘶啞並不響亮，細聽其談話內容，也不會令人特別感興趣，無論從任何角度看，都不足以稱道。但這類型就是目前最受歡迎的演藝風格。

明石家氏有段時期，自稱是日本最「無用之人」，不斷地表現充滿自卑感的言行。更在電視上，暴露有關女性方面的醜聞，以做爲笑柄。此種作法稍有差錯，就可能危害到演藝生命，但他毫不在乎地故意表現無用男性的形象。根據潛在心理術的理論，這是他能夠登上「最受歡迎」明星寶座的原因。

從前的演員須具備許多條件，如美貌、聰明、能歌善舞、演技，惟有全面表現得比他人傑出，才能襯托自己。但台上演員表現愈優異，台下抱反感的人也愈多。

這一點暗示著，人們對比自己優秀的人，不免帶有自卑感，自卑感造成一種心理情結，這就是人之所以會嫌惡別人的潛在心理。因爲每人都有「自我優越欲望」，可以經常滿足自尊心；無法滿足「自我優越欲望」時，才引起這種自卑感；這是人們心理的微妙處。

但此處並非表示，只要裝傻就會受到歡迎。人不一定永遠完美無缺，有時不小心失敗或錯誤，反而能刺激對方優越感，使對方抱持好感。例如：有位女教師，平日謹愼莊重，但不受學生歡迎；自從有次在講台上跌倒，引起哄堂大笑後，即與學生親近且受到歡迎。本文開端提出的明石家氏，觀衆也承認其才能，但他表現出失敗錯誤，觀衆因此滿足自己的優越感，才漸漸產生好感。

由於笨拙，雖是「靠父蔭」，也不會遭受傳播媒體圍攻的長島一茂

現在介紹一個由於笨拙而增加好感的實例。最近，日本養樂多職業棒球隊的長島一茂漸露頭角，受人歡迎。也有人不服氣地說：「長島本身毫無實力，只不過父蔭的關係才平步青雲。」因爲靠父蔭是人人不服氣的事。筆者知道新聞記者中，有許多是長島的球迷，這眞令人不可思議。

後來，筆者讀到有關長島的報導後，才恍然大悟，覺得不無道理。雜誌報導長島與養樂多球

「疏忽行爲」可加深人的親密感。

隊要簽預備合約的那天，竟然忘了帶印章。不但如此，正式簽約當天，採訪記者特別愼重的問長島：「你今天沒有忘記帶印章了吧？」但長島答道：「什麼？今天要帶印章？」長島當然並非故意演出這種小疏忽，但這無意識的粗心大意，卻成爲記者對他有好感的潛在心理原因。

像這種小疏忽就會給人好感的心理，在男女之間，也構成戀愛動機。關於這點，下面的心理實驗可以證明。

首先把受測學生分成二組，個別帶到咖啡店，咖啡店有一名扮演「欺詐者」的女性。這女性先在一個學生面前打翻咖啡，對一個學生又若無其事的談笑。測驗結果顯示，對同一位女性，曾在面前打翻咖啡的學生，比若無其事談笑的學生更抱有好感。

有一位亡故女演員的丈夫，一直到現在仍與

許多女演員傳出誹聞，他是演藝界的製作人，平時西裝畢挺，十分摩登；一旦是私人約會時，便穿着便服毫不修飾儀容，故意地對女性說：「我是一個鈍拙的笨人，連穿白襯衫都不好看。」顯出一副笨拙的模樣。女性聽了對方的表白及訴苦，心就軟了。根據潛在心理來看，是無庸置疑的。

「嫌惡」是雙方心理距離最遠的狀態，在此情況下，漫不經心地說出自己曾受挫折的故事，或者一本正經地找不出話題的樣子，一直說不知如何是好，便會引起對方潛在心理的優越感，大幅縮短彼此的心理距離。只要能做到這點，嫌惡與喜歡僅僅一線之隔而已。

＊若感到部屬抱持反感，就漫不經心地公開年輕時代的挫折經驗談。

＊若感到周圍的人冷淡，利用聚會時扮演丑角。

方法2 公開彼此共同的辛苦經驗，使對方以爲是同志

＜共同經驗的原則＞

以辛苦的共同經驗為餌的欺詐手法

過去日本曾發生「戰友欺詐」的借款欺騙手法。騙徒預先調查欺詐對象戰時的服役部隊，再假裝不期而遇，打招呼說：「我們是戰友，以前在同一部隊啊！」逐漸熟絡後，再邀對方一起喝酒，藉機借一點錢用。結果大半的人不但不覺得自己受騙，反而很願意借錢給他。只因過去曾在戰場上「戰友」這兩個字，對經歷過戰爭的中年男性，有不可捉摸的親切感。

，出生入死，共同生活，建立了難以磨滅的感情。所以，只要聽到戰友，就會暫時地把一切拋在一旁地敍起舊來，親密地回憶往事，上述的欺詐借款就是利用戰友的這種心理。

人們若有共同經驗，特別是有受苦、煩惱、解決難題的經驗，就自然而然的加深同伴意識的聯想感與親密度。

例如：一向嫌惡鄰居，等到知道鄰居孩子，也與自己同樣的在準備大專聯考，情形便完全改觀，回頭檢討是否可以交往。某作家曾說：「當男性彼此擁有共同的秘密時，會加強彼此的親密度。」此番話就是上述心理的寫照。

對同一行列的人抱有好感

並非只有在男性之間，才會發生「共同經驗」。莎士比亞的名作『羅密歐與茱麗葉』，描寫出生於世仇的兩個家族中的羅密歐與茱麗葉，每逢受到家族反對壓力，就更加深彼此之間的愛情，這也是勇敢地面對周遭激烈的反對而全力以赴，所產生的堅貞愛情。

在潛在心理下，人們有一種「喜歡相似自己的心理」。共同擁有困難體驗，會增加彼此的吸引力。除非是嚴重的精神衰弱患者，不然每一個人總有喜歡與自己有關的事物傾向。在這「自我愛戀」的引申義上，自然就會產生「類似自己的事物」的潛在心理。

因此，只要利用此種心理結構，表現出好像與對方擁有共同的經驗，就能確實地引導出好感。前幾天，筆者閱讀男性雜誌，其中介紹一種男女交往方法：要讓她喜歡你，最好在擁擠的人潮中排隊。筆者乍看之下，不甚明白，細想才領悟，這也是一種「共同經驗」效果的表現方法。

總而言之，無論男女，只要引導對方說：「啊！那時我們都好辛苦。」便會產生相當的好感。

＊工作上，向抱反感的對方强調有關私人的共同點。

＊若想要說服女性，最有效的是邀她登山，其次郊遊，再其次海水浴。

遇到恐懼的事情時，人總是潛意識地想尋求「協助者」。

方法3　使對方以爲很恐怖，而產生依靠的心情

〈恐怖效果的原則〉

走出鬼屋的情侶，不可思議地增加親密度的潛在心理

常見有頭腦的男性，將女友帶到遊樂場中的鬼屋，讓對方因害怕而抱緊男性，這是無傷大雅的小詭計。但若瞭解下列潛在心理的結構，才採取如此手段的人，可說非常的深謀遠慮。

因爲經過恐怖經驗，恢復平靜後，自然對當時身旁的人抱有好感。

達頓與阿隆二位心理學家利用吊橋實驗，證明人類此種心理。實驗裏的吊橋是長一三七公尺

，高七十公尺，橫跨深谷的大橋。

實驗開始，首先將受測男性分成二組，按順序過橋，這時安排一名女性「欺詐者」，對將要過橋之男性提議：

「我好害怕，希望能與你一起渡橋。」

全體男性都接受同樣的提議。實驗結果，發現對同樣對象，已渡橋的那組比未渡橋的那組，對該女性更抱有好感。

也就是經歷「恐怖經驗」的那組，比較喜歡當時在身邊的那位女性。

因恐怖而使人互相信賴喜歡，那是潛在心理結構起作用。

恐怖效果在潛在心理上會起同樣的作用，人們遇到恐怖情況時，潛在心理中，會去尋找替自己解除恐怖的「協助者」。簡單的說，經歷了恐怖經驗，任何人都是好人，就像在地獄裏遇到菩薩般感激。

使對方產生「協助者」的心情，來贏取女性的愛情

這樣的心理結構，特別會在男女之間起作用。達頓與阿隆的實驗是對男性方面的調查，欲使女性達到高昂的情緒或增進情感，不妨將此種潛在心理使用在心理誘導上。例如：想要贏取對方的感情，不要立刻說些甜言蜜語灌迷湯，最好先讓對方有恐怖經驗，產生尋找協助者的心情，再

提出說服對方的話。

最近，十分盛行恐怖片，觀衆都是年輕的情侶，也許，年輕人已覺察到這種潛在心理。

＊想與對方交往，不妨去坐遊樂場的雲霄飛車，給予對方恐怖的經驗。

＊當對方開始述說惡夢時，就是使對方抱有好感的機會。

〈將嫌惡改變爲喜歡的潛在心理術要點〉

人們討厭別人，大約有二種理由：一種是生理上的嫌惡感，沒有特別的理由，只因對方相貌、說話態度，一看就令人討厭。另一種則是社會地位關係的嫌惡感，因對方是我的敵人，所以才討厭，像上司、電視的大牌藝人、炒地皮的暴發戶等，在某種意義上，是對方比自己占優勢，才發生這樣的嫌惡感。

要使這樣的嫌惡感變爲喜愛，必先緩和對方的嫌惡感，使其先有心理準備，才能接受我方的誘導。前述三種方法，針對各個不同的潛在欲望，都是使對方做異於平時的體驗，讓對方心理引起變化。這個大原則下的任何方法，對任何對象都有效。但對方在社會上佔優勢時，可使用方法1；若對方抱生理的嫌惡感，用方法2；對女性，使用方法3特別有效。

吸引冷漠的對方關心

方法1　結合雙方的利益，使對方產生關注

＜心理的利益誘導原則＞

牽涉「利益領域」而重見天日的大發明

人們想要說服或拜託別人時，往往遭到對方冷漠的拒絕。

在進行過程中，對方一直沉默不語或回答得曖昧不清，始終無法做肯定的答覆。即使正面攻擊對方，也毫無成效。

必須先刺激對方的潛在心理，突破冷漠的壁壘，再誘導到我方說服或拜託的事項上。這是很重要的二段式誘導術，如同銷售人員若能吸引客戶的關心，那這筆交易八成成交。所以只要正確誘導，就能成功地說服或拜託對方。

當英國工業革命正如火如荼展開之際，發明發電機的英人法拉第，爲了讓政府承認他的發明有效而加以採用，特別去拜訪當時的英國首相格萊斯頓。

法拉第帶著發電機的模型去發表這革命性創作，但首相的反應相當冷淡。這也難怪，誰也不會想到這個只在周圍纏繞線圈的簡陋模型，會成爲日後工業革命中的大發明。可是法拉第不僅改變首相的冷漠態度，並且轉爲極度的關注。法拉第說：「首相，將來這機器普及全國時，政府便可以課稅了。」

引起格萊斯頓對法拉第的話感興趣的是，其中結合了兩者的「利益領域」，而產生聯合行動。

結合雙方利益，可以突破冷漠的壁壘

人總是有奇怪的心理特性。實質裏是相同的資訊，一旦資訊包裝後，涉及切身利益，便表現出極度的關心。原本毫不足道的話，經過一層自身利益的包裝，就引起關心的態度。對政治家而言，稅收不足正是心中的隱憂；法拉第將發電機與解決煩惱的方法相結合，使首相對這簡陋模型感到極大興趣。

聯合對方與我方的利益，以喚起對方關心的方法，有著廣泛的應用範圍。

一位小學女教師告訴筆者的經驗談，她擔任一年級的教師，每年總有幾個孩子對文字不感興趣，總不願去學寫字。終於，女教師利用「七夕」節給孩子一次機會教育。因爲日本過七夕的風俗是孩子們將自己的願望，用小紙條寫好掛在竹子上，等待神佛的祝福。於是她對孩子說：「若不好好學習寫字，願望就無法告訴神佛了。」

聽了教師的話，大家都爭先恐後地學習寫字。

強迫冷漠的對方接受自己關心的事，一定會遭到拒絕。若看穿對方的關心重點，將自己關心的事包裝起來提供給對方，使對方自動地成爲聯合陣線上的朋友，才算是聰明的誘導術。

*拜託困難工作時，特別強調工作完成所得到的報酬。

*對偏食但愛運動的孩子，可以告訴他：「你若不吃，將來無法成為選手。」

方法2　意外的表現，誘使對方的好奇心理

〈意外效果的原則〉

意外表現會刺激對方的求知欲望

先閱讀下列二段文章，並做比較。

「本書的讀者群中，今年有幾個人遭受殺害，數十人受重傷，原因就在於車禍。」

「在一年中，車禍導致幾千人中有一人死亡，幾百人中有一個受重傷。」

這二段文章是敍述同樣的事，大多數的讀者會被前者吸引，這是引用美國話術研究家艾爾瑪·荷伊拉的方法。因爲讀者對前者文章中的殺害、重傷等字眼感覺震驚，故被此種意外心理所吸引注意。

商業廣告常常利用意外性以吸引群衆的注意力，例如猫玩槓桿、猴子戴隨身聽，以引起大衆廣泛的注目。若是猫咪拍球便不會如此精彩，這也是利用意外性的要點。

人們對於意外或從未經驗過的事，總抱著急欲知道的好奇欲望。孩子對任何事總是興緻勃勃，對成人而言是理所當然的事，孩子卻由於知識不多，用童稚眼光看一切都是新鮮而意外，充滿著趣味。

用潛在心理可解釋意外性何以引起人們關心，因和人的恐懼本能有密切關係。一般來說，人們對意料之外的突發性事件，無法剎那間立刻下有利程度的判斷。因此一聽到意外之事，不免緊張恐懼，想要獲得進一步的消息。

觸動往事而接受邀稿的文學家

日本的評論家扇谷正造，介紹一個利用意外性而引起關心的小故事。

那時，扇谷在『朝日周刊』擔任副主編，爲了邀得川端康成的作品而專程拜訪。

川端只是冷淡地招待，對扇谷的話題毫無興趣。

扇谷眼見就要失望地空手而返，突然靈機一動說道：

「最近我去過天城山。」

引出川端的處女作『伊豆的舞孃』爲話題。

果然川端感興趣地開口說話，並且乾脆地答應寫稿。

川端康成當時在日本文壇擁有不可動搖的地位，爲何只對扇谷提出的處女作感興趣?筆者認爲大多數的主編都以川端最近的作品爲話題，沒想到扇谷卻談起從前的舊作，令川端十分詫異，進而注意傾聽後面的內容。

所謂意外性並非指故意去驚嚇別人，只是利用不同的修辭或話題包裝資訊消息，使對方吃驚

「意外性」可以使不關心變爲關心。

，轉移注意力來專心傾聽對方意見。

＊假如以有關對方的事做話題，不妨用對方遺忘已久的陳年舊事為開端。

＊開會時為吸引別人注意，偶爾用大聲來强調意見。

方法3 開頭吸引對方注意，卽使內容無聊，對方也覺得津津有味

〈開始效果的原則〉

以「開始效果」誘導對方關心

有許多銷售人員使用各種奇特的名片，有附相片的、彩色印刷的、附本人畫像的，可說是應有盡有。有一次，某公司的銷售人員居然遞來一張特大號的名片，使筆者吃了一驚。

銷售員刺激客戶購買欲的第一步，就是突破對方冷漠的高牆。於是在名片上煞費苦心，以期使對方第一眼就留下深刻印象。名片便是引起對方關心的小工具。

電影拍攝時，導演、編劇最注重開場的震撼力。如史匹柏的一系列賣座電影，一開始的鏡頭就緊緊扣住觀衆的心弦，產生急欲知道結果的衝動。

銷售人員、電影製片費盡心思地處理開始的場面，就是希望對方第一眼就被吸引住，產生追根究底的心理。因爲人們只要一開始就產生興趣，心理上便起了一種「慣性法則」，後面即使不重要，也能持續關心的原動力。筆者把這種心理作用定名爲「開始效果」。銷售人員和電影製片都熟知群衆心理，十分重視「開始」效果。

人們產生開始效果的原因，是由於對第一眼的印象先入爲主，以後很難再修正。以下的實驗

可以證明這種心理，先對受測者提出有關A先生與B先生的評語。

「A先生是溫和、理性、勤勉、果斷的人。」

「B先生是冷漠、理性、勤勉、果斷的人。」

只有溫和、冷漠的差異，其餘完全相同。結果受測者唯有對開端的字眼有強烈的印象，所以，對A先生有好感的人很多，對B先生抱反感的也不少。美國心理學家海曼的實驗報告顯示，有九〇%以上的人將第一印象做整體評價。這點也可說明，人們極重視自己得到的第一眼印象。

開始效果是非常能吸引人的注意力，例如：交談時，先把有趣的部分安排在開頭，自然就可以繼續下去。筆者時常打紅領帶，使別人認爲不像個大學教授，這是筆者的目的，如此才可拉近雙方的距離，彼此有認同感。

「開始效果」是說話、裝扮、行為的共同武器

現在介紹活用開始效果的例子。日本名作家丹羽文雄演講時，上台行禮後，就開始伸出右手，觀衆大爲吃驚，拼命注視著丹羽文雄，丹羽利用全場無言地注視時，才慢條斯理地開口：「這是寫了六萬五千張稿紙的手。」

丹羽文雄眞不愧爲洞悉群衆微妙心理的小說家。輕鬆地利用右手吸引全場觀衆的注意，同時也表達自己作家的身份。

表現開始效果的途徑有語言、裝扮、行爲等，只要利用開始的資訊誘導對方驚訝，瞬間摘下冷漠的「面具」，便可縮短彼此的距離。

*初見面時，利用服裝、髮型等任何一部分顯出與衆不同。

*充滿自信的意見，可以在會議開始突然發言。

方法4　故意沉默不語，使對方產生不安心理

〈沉默效果的原則〉

利用沉默效果，使對方自動說話

曾在日本廣播電台演講『宮本武藏』風靡一時的德川夢聲，被譽為具有一流說話技巧的名人，因為他用靜默不語的方法抓住聽衆的心。

短暫的沉默可以吸引對方對下面過程的好奇，將冷漠變成關心。關於這點，第二次大戰前，日本右傾的大人物頭山滿有一段有趣的小故事。

有次他到中學演講，行過禮後，一言不發地經過十、二十分鐘，會場籠罩著一股沉悶的氣氛，當場內緊張不安的氣氛到達頂點時，才開口道：「你們不好好用功，將來會變成我現在的樣子。」

聽過這場演講的學生，相信一輩子也忘不了當時的情景。按心理學理論，沉默的確可以誘導人們關心。

因為斷絕外界交流，感到惶惶不安的心理結構與沉默有著密切關係。

演講會場的群衆，被斷絕交流而感不安的情緒逐漸升高到達最高潮時，頭山才開口說話，這

巧妙地運用「沉默」，可刺激對方的關心。

第一句自然留給學生深刻印象。德川夢聲也是用同樣的手法，將說話速度調整到與前面不同，再加上沉默，給予聽衆鮮明清晰的感覺。

筆者也有沉默效果的親身經驗。有家雜誌社採訪筆者，那位採訪編輯十分口拙，與筆者經常產生無話可說的沉默。經過一段氣氛凝重的沉默之後，終於開口發問，筆者在詫異之餘，不由得專心傾聽，並熱心地回答。不管這編輯的沉默是先天或後天僞裝，至少已達到沉默的效果。

冷漠是心中情緒平靜的狀態，只要造成情緒的起伏激動，就可以達到成功的目的。

＊故意地對冷漠對方保持沉默，吸引對方注意。

＊對方若不理會我方的意見，先說明之後，保持片刻沉默會帶來意想不到的效果。

7 警戒➡親近

消除對方的防衛心

＜冷漠成為關心的潛在心理術要點＞

能夠引起關心的動機，不外乎二種：一爲外界反覆提供資訊，半強迫式地吸引注意。商業廣告就是採用如此的手法，透過電視、報紙、雜誌等傳播媒體，反覆提供廣告資訊，使觀衆留下產品印象。缺點是不夠普遍化，一般人不容易採用，而且一旦斷絕資訊，如不再打廣告，就會被人們逐漸遺忘。

所以，刺激對方的潛在欲望，誘導對方關心的方法，應用於廣泛的日常生活範圍較有效。人們唯有對外界提供的資訊，抱持一種想要知道更多的欲望時，才會付出關心。有二種付出關心的動機，一種是「關係切身利益」，另一種是「出乎本身意料之外」，由此衍生上述四種方法。若對方是交情匪淺的朋友，可利用方法１、４；若是初交的普通朋友，則利用方法２、３。

物理的距離縮短，「心理距離」也可以縮短。

方法1　以親近對方來縮短彼此距離

〈接近的原則〉

拉近距離，改變公司的氣氛

業務急速成長的某公司，辦公室窄小得連新進人員的桌椅都排不下，於是遷移到面積大兩倍的新辦公室，希望員工能更舒適地工作。誰知事與願違，反而減弱公司的活力。員工共同討論，踴躍提出意見的場面已不復見了，每次會議都十分安靜。

董事長眼見公司產生了危機感，想著種種對策力圖挽救，却一直不見效。最後才想到將寬廣的大辦公室徹底地隔成小間，桌椅排列得很擁擠。如此，員工不但沒有怨言，反而漸漸回復過去的朝氣。

公司員工由廣大的辦公室遷到狹小的地方，卻回復往日的蓬勃生氣，最重要的原因是縮小了彼此距離。廣大的辦公室使得人際之間有著嚴重的疏離感，下意識的潛在心理，造成了無法自由討論的沉滯氣氛。

一旦大家都侷限在小隔間中，身體的碰撞減弱階級性和疏離感，便會形成活潑的朝氣。

移近座位，可以減弱對方的警戒心

人們是很容易被潛在心理所操縱的，單純的實際距離便可以改變行動形態和人際關係。彼此的距離遠近也會影響親密度的高低，距離愈短，警戒心就愈鬆懈，親密度也會因而愈增加。互相之間的心理距離是和實際距離成正比，各種心理實驗均證明這種傾向。

例如：美國心理學家康爾，以對異性有好感與距離成正比的關係做實驗。

實驗開始，先以二位假扮「欺詐者」的女性做爲談話對象，事先指示談話內容一致。一個安排坐在距受測男性五〇公分的沙發，另一個坐在距男性二公尺的地方。實驗結果顯示，男性對靠近自己的女性有很大的好感。

想要很快地消除初見面時對方的警戒心理，應該盡量靠近對方。實驗證明，這就是「接近效果」，很多人都有類似的經驗。

例如：在廣大的會議或客廳討論事情，對方反應總不熱烈，若改到餐廳的吧台進行談話，對方便會立即放開胸襟，使事情進行順利。最常見是用甜言蜜語向女性求愛。此時要選擇在一流飯店的餐廳中，隔著餐桌交談，還是在窄小酒店的吧台並排而坐呢？若是花花公子一定選擇後者。

假使費盡唇舌，仍無法消除對方的警戒心，只有靠縮短實際距離來感覺心理距離的減小。這是非常簡單的「接近法」應用。

「接近法」對對方潛在心理的作用有很大的影響力。根據一位優秀汽車銷售人員指出，在客戶快要下定決心時，用任何一種藉口將座位移近客戶身旁，相互靠著肩膀，親近地交談，將促使客戶更肯定購買的欲望。這就是「接近法」的一種應用。

不過，運用「接近效果」的潛在心理術，假若使對方產生生理不適感，立刻會形成反效果。所以愈接近對方愈要注意一些小事情，如：襯衫污點或肩膀的頭皮屑。注重小節並顧全大局，會使「接近效果」更加完美。

＊想要圓滿地得到對方同意，最好選擇狹窄的會客室。

＊向女性求愛最有效的場所，是酒店的吧台。

＊將座位移近不容易放開心胸的對方，消除對方的警戒心。

方法2　改變稱呼，使對方產生認同感

〈打招呼的原則〉

對強烈關心自己的對方有好感

這是一位操流利英語者的例子。使英語流利的秘訣，就是把對方名字加在會話中稱呼。如辦公室打招呼，一般人通常說：「早安。」這是不完全的英文語法，要改成「早安，某先生。」加上對方的稱謂才算完整的招呼語。

筆者曾在美國住過一年時間，與美國人初見面時，親熱地招呼「多湖先生，請到這兒。」「多湖先生，想要咖啡或是茶？」使筆者相當感動。初次見面，雙方心裏總有點不安，經過一陣親密的招呼，無形中使不安的心平靜下來，產生安全感。所以時常呼喚對方的名字，的確是非常有效的心理誘導。

美國人習慣在認識不久，便直呼其名，如雷根總統和中曾根首相的「隆．安」關係。如此的招呼，對沒有這種習慣的日本人，產生意外地親切感，好像舊友重逢般的熱絡。對別人對自己的稱呼印象深刻，是因為人潛意識裏會關心自己，覺得自己被重視，繼而對對方產生好感。

一般當資訊不足時，如不瞭解對方想法、感情等，就會產生警戒心。若想消除警戒心，就要設法傳達雙方的資訊，美國式的頻繁呼叫對方名字，就是一種有效的心理誘導法。

吉田松陰的潛在心理術，收到很好的教育效果

日本人沒有經常呼喚對方名字的習慣，使用美國式的招呼法總有些不自然，反而加深對方的疑懼與警戒心。但這種呼喚效果，只要能改變形勢，仍是有效的可行之道。

例如，明治維新的核心人物高杉晉作、伊藤博文、山縣有朋等，都是出自松下村塾。松下村塾的吉田松陰老師的獨特教學態度，曾帶給學生們很大的影響力。在學校，師生之間並非只有教學關係，吉田老師始終應用著共同學習法。共同學習法之一，便是呼叫學生名字的特殊方式。

當時，在長輩與晚輩之間總有一大段距離；吉田打破這種距離，無論學生的身份、背景，一律稱為「你、你」，稱自己為「我、我」，吉田這種平等的稱呼，感動了青年學生，引導他們進入容易接受感化的心理狀態。

筆者在大學講課，雖不致隨便稱呼，但仍特別注意稱呼方式。例如：儘量用「我們」代替「你們」，可帶動教室氣氛的融洽。因為用「你們」時，說者與聽衆之間有了距離，用「我們」表示雙方站在同一立場，給予對方一種親近的感覺。

美國心理學家也提出這種說法，談話中與其用「我」（I），不如多用「我們」（We），比較容易引起聽衆的關注。這也是同一個道理。

美國前三任總統尼克森，當時提出美國史上最大的聯邦預算案時，向國民呼籲：「我們用我們的手、我們的錢建立偉大政府的時代即將來臨。」雖然因水門事件而形象不佳，但爲了預防國民的反對，巧妙地應用了稱呼效果的潛在心理術。

*談話中，只要穿插幾次有意識的稱呼對方名字，就會產生親密感。

*多多使用「我們」，產生彼此心理上的共鳴。

方法3 公開私生活，可以增加親近感

＜公開私生活的原則＞

演藝人員公開私生活，以期獲得群眾支持

最近的演藝人員競相舉行記者招待會，令人奇怪的是女性演藝人員在記者會中，發表懷孕消息；過去女性有孕時，只告訴丈夫、家人，並且很不好意思。如今風氣大變，居然在衆人面前發表懷孕消息。

這樣的宣傳方式，的確令人感到演藝風氣正大幅改變。以前的演藝人員絕不公開私生活，甚至隱瞞結婚的消息。這都是爲了提高明星的神秘感，以吸引群衆愛慕支持。

現在群衆不僅僅以愛慕爲滿足，電視上每天出現的偶像歌手，必須是可以接觸、看得到，具有親切的感覺，如此，才能得到廣大群衆的「認同」。

「可倫坡探案」中，誘導涉嫌者疏忽大意的手法

雖不一定絕對是「物以類聚」，但人總是對與自己相似的人有好感，這是所有人的潛在心理。

公開自己的私生活，可減弱對方的警戒心。

例如：初次與地位高的客戶見面，對方若談些有關孩子的家常話，總能在最短時間，讓人忘記是初見面或對方的地位，減少緊張而成為熟稔的朋友。這是因為公開自己的私生活，就會刺激對方潛在心理的交流欲望。若抱著警戒心，一定不容易彼此瞭解。

同理，漫不經意地聊起自己的私生活，也可以消除初識者的警戒心。

約翰·F·甘迺迪參加總統選舉時，多以青年人為爭取對象。他的愛爾蘭天主教和富家的背景，原被認為不利於競選，想不到在與尼克森的電視辯論中，得到壓倒性的勝利，終於當選總統。

當選不久後的一次演說中，他說：

「有一件事要向各位宣佈，我與妻子不但是白宮新主人，而且正等待新生嬰兒的來臨。」

表明私生活，消除國民對新總統的懷疑不安，並讓人有著親切感。甘迺迪總統運用這種聰明的方法，誘導國民的向心力。

甘迺迪總統努力培養自己親和的形象，因此達拉斯遇害事件，給國民帶來很大震驚與打擊，全體國民哀痛逾恒。

「可倫坡探案」中的可倫坡探長，一進入別人家中，就不斷談自己家的私事，對方一瞬間忘記是刑事辦案，不自覺地鬆懈警戒心，被誘導逐漸公開私生活，達到偵查的目的。雖是戲劇，但也巧妙地應用潛在心理，令人十分佩服。

＊談正事時，偶爾漫不經心談私生活，彼此會產生親密感。

＊對初見面的人，提起共同朋友的交情，可拉近彼此距離。

＜將警戒心改爲親切感的潛在心理術要點＞

不管是初識者或銷售員，人們對因某種意圖想接近自己的人，總有強烈的警戒心。這是人本身存有保護自己的防衛意識，又不瞭解對方的背景，就形成防備心理。

因不瞭解對方，不得不採取保護自己的措施。相反的，雖擁有對方足夠的資訊，仍不接納對方時，就是嫌惡的心理。

警戒心在初見面時最強烈，常見幾次面後，得到較多有關對方的資訊，就會漸漸鬆懈自身的警戒線，繼而產生親密的感情。

費盡唇舌說服有強烈警戒心的對方，不如設法提早消除對方的警戒心，才是正途。

在雙方不能充分得到相互的資訊之前，爲了鬆懈對方警戒心，必須設法減弱警戒心，可用方法1；方法2也是由於表現親密關係，使對方忘記警戒心的誘導術。

主動地提供資訊給對方，相信必能立刻消除對方的警戒心，那便是方法3。關於一個人的資訊很多，其中私生活是屬於個人隱秘的一部份，通常不輕易告訴別人，因此，在對方的潛在意識裏，最能發生強烈的作用。

反對↓瞭解

撫慰說服持反對意見的對方

方法1　徹底的做個聽衆，轉移對方的不滿情緒

〈忠實聽衆的原則〉

並非僅靠事實就可以改變對方情感

日本的NTT（日本電信電話股份公司）、NHK（日本廣播學會）、區公所土木課，這三個包括公家機構、非民間廣播電台以及公共團體在內的組織，有些類似的共同點，全都是提供服務而收費的和具有非民間性性質的社團。因此，不滿抱怨的電話非常多。像NHK，因播音員說錯話或演員的服裝太華麗，聽衆立刻表示不滿打電話抗議；節目內容偏頗也遭抗議，一天至少有上百通這類電話。區公所土木課的電話以抱怨道路工程和噪音的居多，承辦人員甚至必須去現場實地察看。

以前，NTT仍是公家機構時，承辦人員會與筆者商量如何應付民衆的不滿電話，順利解決問題。當時，民衆對電話費的異議非常多。電話費一多就抗議，認爲與實際通話次數不符合。

筆者建議應該詳細傾聽用戶的反對意見。也許大家會懷疑，單單傾聽便可化解不滿嗎？其實

先聽對方的意見，即可使對方傾聽我方的意見。

更深一層地研究，傾聽確實可以滿足對方的潛在欲望，順利地使對方瞭解。

用戶對NTT表示不滿的目的，當然是希望降低電話費，但筆者認爲用戶潛在心理的眞正欲望，是要NTT承認用戶比NTT階級更高。可是NTT卻忽略用戶的潛在欲望，在聽了抗議，判斷無法解決事情之後，就拿出「傳家法寶」威嚴地說：「電話費是電腦計算的，絕對不會錯。」如此更增加用戶的憤怒。

用戶認爲使用電話是一種自我優越感，具有強烈的正面自信心，任憑拿出客觀事實，也無法令用戶接受。NTT如此輕忽用戶的潛在欲望，不啻是火上加油，招致更多的不滿怨言。

讓反對順其自然，對方會自動收回要求

要抑制反對意見，唯有「立刻承認對方的優越性」，最簡單又有效的手段就是傾聽。

精神科醫師診斷患者，最有效的治療就是聆聽患者的談話，以消除其內心的迷惑不安，返回平靜狀態。反對者的心理狀態，不是迷惑不安就是憤怒，急欲發洩一番，總是希望對方能先聆聽自己的意見。

前述的NTT處理反對意見的電話，依筆者的看法，首先不要否定用戶的意見，懇切地做忠實聽衆，答應用戶「改天再回答」。然後回覆客戶說：「我們做各種努力，您的通話次數仍如此。」大多數用戶都會諒解地接受這一委婉的解釋。

這就是聆聽所帶來「平息怒氣」的效果。人總是對傾聽者發洩不滿後，便很輕鬆地消氣，此即心理學上所謂的「淨化作用」。

有「東山再起」大王之稱的大山梅雄氏，根據自己的經驗，非常瞭解淨化的心理狀態。大山氏在股東、員工的會議談話中，表達自己的意願後，耐心傾聽員工提出抨擊與反對意見。此時，對方已疲累不堪，大山氏趁機提出保持顏面的妥協案，他只在妥協案裏做一點讓步，但案子仍順利通過。若是大山當時立即反駁員工的反對意見，案子大概就要擱淺了。

筆者認爲耐心地傾聽反對意見，有助於對方瞭解最後的結論，這也是案子通過的重要原因。

＊對持反對意見的對方，勿正面表示反對，只須鄭重地點頭同意。

＊我方的意見，在對方氣消之後的幾天再提出來。

方法2　貶低自己來消除對方的不滿

＜謙虛的原則＞

表示謙虛，以消除對方反對的理由

當外國人收到日本人的禮物時，都很驚訝地聽到日本人抱歉的說：「這是很不中用的禮物。」再遞上禮物。聽到別人稱讚自己的禮物，反而不好意思地坐立不安。筆者認爲這種謙虛心理，可說是一種人際關係的潤滑油。

伊利奇曾在書中介紹美國林肯總統的故事，有一次暴徒拿槍威脅林肯，暴徒說：

「如果遇到一個比我更醜的人，當場就想斃了他。」

想不到，林肯坦率地承認自己是醜男子，說：

「你要開槍就開吧！」

暴徒終於羞愧離去。伊利奇認爲關鍵在於林肯的謙虛話。

林肯是高高在上的總統，也是應該反對的對手。暴徒爲解除內心的自卑感，對林肯說出藐視侮辱的言語，以爲他會惱羞成怒，誰知林肯卻坦率地默認。這的確是一種「出其不意」的作戰，在林肯說話的一剎那，暴徒已失去了主張。

人有希望別人承認自己優越性的潛在欲望，因此會反對對方。明知不如對方，仍會下意識地嫌惡對方，也就是劣等總會有嫉妒討厭優等的傾向。

從某種意義上來看，是帶有攻擊性的自我防衛對策。要躲開這種反感，便要放棄優越感，盡量謙虛，表現出與對手平等的地位。

失敗談解除對方的「警戒心」

筆者在某次的演講會中，有機會對家有中、小學生的母親們談教育問題。上台之後，看著母親們的臉似乎都很緊張，大概事先看過小册子，知道筆者是大學教授，著有教育方面的書籍，極專注地傾聽演講。

這樣安靜認眞的聽衆，實在難能可貴。可是，過度認眞的聽衆，有時會使演講者無法表達眞正的想法。依筆者經驗，聽衆若忘記演講者的實際身分，似乎是比較容易傳達思想內容。因此，一開始就輕鬆地談自己少年時代的事，不必特別矯飾，只要按事實平舖直敍，就可掌握聽衆的心，再慢慢地導入主題。最後，順利地結束演講。

要說服對方時，可先自本身的經驗談起。筆者的演講，即是以少年時代的往事代替失敗的經驗談。

利用表明缺點來自我貶抑，貶到雙方在同一程度，就可解除對方的警戒心。不妨先讓對方佔

優勢，然後漸漸掌握主導權，最後變爲自己占優勢。

*因自卑感作祟的反對者，承認對方的優勢。

*對有警戒心者，故意談起失敗經驗。

貶低自己，以誘導對方的「接受態度」。

方法3 先承認對方優勢，能將反對心理壓抑到最低限度

〈認知自尊心的原則〉

堀內投手願意換下場的原因

日本巨人職業棒球隊的故參謀教練牧野先生，很能掌握選手心理，曾爲巨人隊造成九連勝的時代。

當時的投手堀內是個難纏的選手，但一遇上牧野教練就很快被說服，如：再讓一位打者出局，就可以得到勝利投手頭銜時，任何人都不願被換下場。牧野教練走向投手板說：「今天你投得很好。」再露出微笑：「累了吧！」聽了這些話，堀內必然回答：「不，我沒問題！」表示反對，教練說：「我瞭解，但我坐在休息區比你更累，拜託你換下來吧！」堀內投手只有同意換投手。

當然，牧野教練對選手的性格、喜好一清二楚，才能說服成功；這同樣是滿足對方潛在欲望的巧妙心理術。

一個人被別人指責弱點時，會有兩種反應：一是完全折服，二是猛烈反抗。堀內投手的弱點是投球漸漸失去威力，所以，教練才準備換人。

如果，教練對堀內投手說：「你的球失去威力，趕快換人吧！」也許有的選手同意，但堀內屬於第二種反應，他瞭解自己投球的情形，內心也承認換人是不得已的。這時候，他只想知道教練對投球失去威力這件事的感覺。

使部屬變得不中用的斥責方法

任何人都會有上述的潛在心理，如：工作上犯了重大錯誤，心裏想這下一定會遭到上司的斥責；那麼，你期望上司說些什麼話？

如果上司大吼一聲「傻瓜」，說不定反而輕鬆。事實並非如此，有的上司喋喋不休地說這次錯誤對公司的損害，有的則一味指責錯誤是由於自信過度、粗心大意所造成的。不論前者或後者，相信你都不會有好感。因爲對錯誤的一切，本身心裏已經有數，不必勞旁人多加贅言。其實自己所期待是一種更好的斥責方法，先肯定你的不小心，再好好指導下一次的做法，才不致於犯第二次錯誤。

這是很久以前的事。有一次，作曲家高木東六在電視節目擔任評審，這節目的評審委員都很嚴格，唯有高木的評語較溫和，與賽者對他都頗有好感。如：有的比賽者因過度緊張，未能演出平日的水準，高木對他們說：「這次大概太緊張了，未完全發揮，下次就沒問題了！」

言詞如過於苛責，會很容易讓失敗者更加一敗塗地。當對方想要反駁時，就立刻同意對方的想法，尊重對方的自尊，慢慢地對方自然會想到接納你的意見，而後就可以十分順利地誘導對方。

這樣的技術並非只用於責罵對方，舉凡其他的一切，如：讓對方接受辛苦工作時，就說：「這件事大概不好辦，就拜託你了！」搶先洞悉對方的心態，他就不好意思拒絕。在辦公室，上司經常用這類老套的話，部屬明知辛勞，還是會接受的。

*切勿不問清楚就直接斥責對方，應該先瞭解對方心態。

*委託他人辛勞工作，不妨先談工作的辛勞，再婉言地拜託。

〈將反對改變爲瞭解的潛在心理術要點〉

在某種意義上，使反對者改變成爲瞭解接受的態度是不難的。對方會表示反對，基本上的理由是比人佔優勢，或想要盡力阻止跌入劣勢的危機，完全是感情用事地反對，理性一點也沒有發生作用。只待感情的暴風雨一過，對方也就心平氣和地接納了。

雖然如此，不可避免的雙方都有錯誤，所以，爲大家介紹傾聽、謙虛、認知自尊心的原則。

人往往面對某種壓力，如父母親的意見，或上司對下屬的命令，才產生反抗。這時就要看你的處理態度、辦法，俾更有效地說服對方。事先瞭解對方的意念、同意對方的看法，就能避免對方的反抗心理。

總之，必須在反對的萌芽期，將其摘除。否則對方會重復的一再反對或反抗，致造成更大的不滿。反對者就像小頑童，應像哄孩子似的哄他、瞭解他，最後他一定會成爲一個好孩子，順利地被說服。

鼓勵缺乏自信者恢復信心

＜「已知化」的原則＞

方法1　以別的理由消除不安感

京都大學足球隊的不戰而勝

京都大學足球隊，連續二年獲得日本全國比賽的冠軍。據其教練表示：「選手們的運動神經太差，缺乏體能訓練，一點也比不上別人。」儘管如此說，仍是得到全國冠軍。平日不關心體育消息的人，聽了上面這段話，都會好奇地想一探究竟。足球隊的水野彌一教練，曾在雜誌上發表一部份的原因。

簡單地說，就是讓選手們擺脫缺乏自信的不安情緒；水野教練用「自我發揮」來代表。筆者一直就認爲體育活動的教練都是非常優秀的心理學家，水野教練即是其中之一。水野教練指導的基本方針是「只問耕耘、不問收穫」，他所謂的「自我發揮」就是撫平「自我的不安」。不難想見，他對訓練方法著實下了一番工夫。

人們常常在考試、應徵、不得不參加的會議前，覺得心中忡忡不安，即使考取入學後或錄用後，仍會有適應、能力等問題的煩惱；甚至升至科長職位，還是會有同樣的煩惱。對未知事物或尙未顯示的結果都會引起不安，種種焦慮不安的情形不勝枚擧。水野教練爲使選手擺脫不安，所採取的方法是徹底的瞭解對方。

他一方面要求選手們研究比賽的作戰方式，另一方面拍攝對方球隊練習、比賽的情況，讓選手們觀賞。因此，足球隊眞正實地上場練習的時間只有二～三小時，除了生活作息之外，其餘時間不是練球就是看影片。體育評論家以爲這是一種「知己知彼，百戰百勝」的方法。若是如此，那只要給教練看即可，爲何要讓全體選手觀賞？

筆者認爲水野教練的目的，是讓選手親自瞭解對方的眞正實力，使選手由不安轉爲心安。職業棒球錦標賽之前，有的球隊經常參觀未來對手的比賽情形，這並非要瞭解對方的球技和比賽習慣，而是實際去觀察未知的對方，解除潛在心理不必要的不安。不只是職業棒球賽，其他的任何比賽，在正式比賽前實際觀察未來敵手，可說是一種很重要的戰術。

利用預演，使不安「已知化」

我們因不知幽靈的形象，所以會害怕，倘若幽靈是棵枯樹，就不怕了。害怕是因瞭解的資訊不足，資訊足夠就能化解不安。同理，使選手們對敵手抱有「優越意識」，不安感便隨之一掃而空。鼓勵選手優越意識的最好方法是說：「你們超出對手一大截距離」、「你們絕對會贏」等此

顯示眞相，就不會再疑神疑鬼。

類的暗示。但避免在選手陷入不安心理時，突如其來的暗示資訊，那會使效果打折扣。如入學考試前夕，考生陷入不安的心理時，可以讓考生預先參觀考場，然後暗示「你絕對考得上的」，或隨意地談起考上後的種種，都是極好的方法。

最近，日本體育界引進一種「印象練習法」，這是預先在腦海中，鮮明地描繪成功後的影象，以激勵運動力量的方法。這種練習法，可以有效的解除比賽前的不安，潛在心理中，不知不覺產生「成功的印象」，使人恢復自信心。用語言來敍述「成功的影象」也會收到同樣的效果。

＊尚未談到事情的重點核心前，先辦一些無關緊要的事，一再地拜訪對方，產生熟悉感以化解不安。

＊可以讓不安的考生，參觀志願的學校，但最好先看那個學校學生的樣子。

方法2　以客觀的意識，將模糊不清的煩躁予具體化

〈斷絕過度思考的原則〉

「寫寫看」不安是什麼？

筆者有次與一家名補習班的資深教師談話，他說：「每年總有許多考生，會擔心明年的考試是否能上榜？」這位教師有一套消除不安的特殊方法，他請考生逐條寫出不安的內容，有「對英文沒有把握」、「恐怕無法考取理想學校」、「自己單獨赴考」等等。

請考生逐條寫出不安的內容，無異是讓考生整理心理潛在不安的因素，將不安眞相客觀的具體化。只要明瞭不安的原因，找出解決辦法去實踐就可以了。因此，對英文缺乏自信，就徹底用功英文；因單槍匹馬到遠地而不安，可以邀同學、朋友做伴前往。前述的方法1，故意顯露不安對象的情況，以解除本身的不安。方法2，讓自己發現本身不安的眞相。

這樣的方法，對過度煩惱，或將小小不安擴大的人，特別有效。人通常是因資訊不足引起不安，卻又將不足的資訊靠著頭腦的思考來彌補，往往朝壞的方面想。要斷絕這種惡性循環，應該客觀地整理清楚，找出解決方法，一步步地進行。

很多人在學生時代有寫日記的習慣，大概是思考著各式各樣的煩惱，並藉寫日記而解除煩惱

。也許有人認爲日記適合內向、反省的人，其實不然，寫日記是解除煩惱的一種健全辦法。

說出來可以解除不安

除了用筆寫，說出來也可以解除因過度煩惱所造成的不安。

日本聖路加看護大學校長日野原重明，曾對年輕醫師談到，若遇到心臟不好的患者，不要立刻熱心地說要照心電圖，如此患者會更懷疑自己心臟有問題。這樣醫師非但未解除患者的不安，反而更增加患者的不安情緒。

日野校長認爲先不要立刻診治患者，應該詢問如：早上幾點起床？到醫院坐什麼交通工具？住別墅還是公寓？這類和心臟病無直接關係的話題，藉以緩和患者的「過度反應」。

優秀的婚姻顧問總是扮演忠實的聽衆，因爲對方主動說話，將不安變爲語言，用以阻礙不安的發生。

*在日記、書信寫上自己的煩惱。

*認真傾聽對方的煩惱之後，才斷言：「你不安的原因是……」。

方法3　以玫瑰色的夢，來擴大與現實間的「心理距離」

〈逃避的原則〉

為有多種解決辦法的小事而自殺

報紙小角落常刊登一些自殺的消息，心裏總會惋惜他們何必爲小事想不開。如：高中女生因被老師責罵而撞車自殺、年輕男子因失戀而上吊、中年男性因生意不好而開瓦斯輕生，諸如此類。

第三者看來是有許多解決辦法，當事人卻爲了微不足道的小原因而自殺。嚴重的不安心理導致「自我萎縮」，總覺自己存在的微小，一直內向化，自認爲不中用。「自我萎縮」的特徵是「部分威脅全體」。

例如：高中生考大學落榜，除歸咎功課不好，更自責「我是個不中用的人」的全面自我否定，甚至衍生出將來活著也沒用的「未來否定」。這就是由微不足道的原因，逼迫使人自殺的整個心理結構。

人若平常未受到不安情緒的騷擾，便能使自我擴張，產生謀求「自我實現」的積極力量。這種力量是推動自己想要更上一層樓，超越自己，實現自己理想的心理，如此才有進步、成長。即

「玫瑰色的夢」可斷絕人的多餘思考。

使是一直內向化、擴大不安心理的人，只要斷絕不安心理，就可以恢復原本積極的力量。

斷絕不安心理最有效的方法，就是給予心理上的調劑，暫時脫離現實，讓自己充滿幻想。前面說過，脫離不了現實的過度煩惱，將引起不安與自我萎縮。所以，讓不安者親自描繪出充滿希望的玫瑰色未來，以擴大與現實的距離。

創立國際牌的松下幸之助的潛在心理術

松下幸之助創立公司時，應用潛在心理的方法化解員工的不安感。當時，日本經濟不景氣，接二連三地公司倒閉，新成立不久的松下公司似乎也搖搖欲墜，公司員工擔心危機而陷入極度不安狀態。年輕無經驗的松下氏召集員工講話。

「松下電器以不斷生產，儲蓄無限產品，以建立一個樂土為使命。並將今後二五〇年分為十階段，做爲完成使命的時間。第一段的二五年分爲三期；第一期的一〇年是建設時代，第二期的十年繼續建設、專心活動。最後五年仍然建設與活動，是將建設貢獻社會的時代。第一段的二五年由今天與會人員負責策劃，第二段時期以後由我們下一代以同樣的方針進行。這樣到第十段的二五〇年，就能在世界上建設一個應有盡有，富足繁榮的樂土。」

員工們聽完老闆「松下電器二五〇年計畫」，起初目瞪口呆，後來漸漸明瞭其中意義。既然老闆有如此堅決的意志，員工自然就定下心來。這無疑是給員工未來夢想的強烈印象，並將員工與「社會不景氣」、「不賺錢」的現實斷絕；其有效的理由在於能給不安者一條逃避的路。

人的潛在心理中，經常有逃避不安的欲望。這時就必須用帶著冠冕堂皇理由的玫瑰夢，來刺激逃避欲望。如：未婚妻若抱怨婚後生活的不安，不妨灌輸她玫瑰色的婚後生活和豐裕的將來，如此一來，她就會振作精神，快樂地準備婚禮。

*告訴就業前心理不安的學生將來之希望。

*告訴人事調動命令公布前不安的部屬，將來成功的遠景。

<不安轉變爲安的潛在心理術要點>

十九世紀，人們是用「恐怖」一詞代替「不安」，可見不安是一種非常現代的感覺。

恐怖與不安既然可以交替使用，其間的相異點自可以淺顯的比喻表示：擔心強盜會來的是「不安」；實際擔心的事物出現在眼前便是「恐怖」。「不安」就是對未知的事物過度憂慮，引起的潛在心理；因此「不安」便可以代替「恐怖」。以上述的強盜爲例，事先憂慮被殺害搶刼的心理就是不安；換言之，未見結果所引起的焦慮感覺就是「不安」。

爲了使「不安」轉爲「心安」，最好暗示未知事物的情形，利用「已知化」的原則，能有效的使不安變爲心安，這就是方法1的潛在心理術。由於過度憂慮而引起的不安，這種不安大半是模糊看不到的潛在心理，可用方法2來斷絕對方的思考活動。任何人總是將「未知的不安」視爲很嚴重的潛在心理，必須用方法3來淡化此種不安。

第三章　操縱對方行動的潛在心理術

●隨自己意思操縱的方法●

使對方應允本可能拒絕的事

〈慣性應允的原則〉

方法1 使對方不好意思拒絕

未進入正題前，銷售員的談話

聲名狼藉的「靈感商法」銷售員，先不強迫受害者購買，他們自有一套老方法。好像義工協談般地先講一些瑣碎小事，穿插著歌謠嗜好的話題；銷售員佈置一個和諧共感的場面，隨著融洽的雜談，漸漸引進生意正題，逐漸誘導客戶的潛在心理轉往應允的方向。

這種方法並非是靈感商法的專利，任何銷售員都會應用。尤其資深的銷售員，即使是初次見面，總有辦法巧妙地誘導客戶的潛在心理，使客戶答應購買完全不需要的東西。在資深銷售員的心理誘導術中，易發揮又有顯著效果的是，將客戶的小承諾做爲動機的技術方法。

一開始，輕鬆地寒喧：「你好，今天天氣不錯，眞令人舒服極了。」聽到這樣的話，對方總不免回答：「嗯！是不錯！」銷售員又說：「庭院多漂亮，是太太修整的嗎？」看到孩子就說：「哦！這孩子好可愛，你們住的環境眞好，大家都十分健康。」主人不在，跟太太打招呼：「先生上班吧？」看見狗就說：「你們的狗是狼犬吧？」這樣的家常話，被問者一定會回答「是呀」的小承諾。

銷售員見有談話機會時，便說：「我是某汽車公司的人員，負責分發這附近新車商業廣告單，你要不要看看？」客戶不知不覺中，依剛才寒暄的習慣回答：「好呀！」銷售員趁機說：「這是新車，請讓我為你說明，好嗎？」於是進入客廳說明。

若讓對方勉強地應允，會引起反效果

上述是使對方不斷地回答「是」，並加以誘導的心理術。心理學的實驗證明，人一直保持回答「是」的慣性，一旦應該回答「不」時，會有不禁脫口說「是」的心理傾向。反之，若一直是否定回答，到下一個問題仍是否定。

心理學上把這種心理傾向，稱為「心理定向」（mental set）。所以，要誘導原本站在拒絕立場的對方，轉向承諾的潛在心理術的要點是，在對方心裏建立「肯定」的心理定向。

透過各種心理實驗證明，心理定向有其顯著的效果。例如麥克·史耐達和米開·卡寧加姆二位社會學家，自電話簿抽樣找出二位受測者，先詢問能否回答問題事項。

實驗分兩組進行，一組詢問八項問題，另一組回答五〇項是非題。打電話詢問某項的回答好不好，前者有八三％回答「是」，後者有八〇％回答「不」。將前者肯定回答的編成第一組，後

小耶穌是通往大耶穌的橋樑。

者否定回答的編成第二組，重新在電話簿抽樣編成第三組；再將詢問項目增加三〇個，提出相同問題，回答肯定的是沒有建立心理定向、中立性的第三組占三三％，已有肯定心理定向的第一組占七十％，已成立否定心理定向的第二組，僅占十二％。

根據實驗證明，慣性答覆的原則是確實存在的。

雙方有很大的對立差距時，當對方表明拒絕態度，要對方答應互相對立的項目是很難的。但以對立項目中的小事來誘導對方說「是」，再將肯定的次數增加，總有一天，會使對方答應要求的事項，這即是應用心理學的「慣性法則」。

時常在鬧區看到街頭調查，其實那並非以正式統計調查爲目的，大部份是推銷雜誌或參加某某社團的調查談話，藉小問題的承諾，引導更大的承諾。

日常生活應用此技術時，務必留意；雖然對方繼續說「是」，但問題內容是否定性，聽來便好像是譏笑，造成勉強地承諾，那麼慣性作用法則不但會失效，還可能釀成失敗的潛在心理。

例如：銷售員一進來就說：「今天可真熱，難受極了。」或「你們的房子很貴吧？」或「你們孩子還這麼小。」或「先生還沒下班，是否都很晚回來呢？」這些問題可能會得到對方勉強地回答「是」。等到進一步拿出廣告單想進客廳時，客戶必然會嚴詞以拒。

*事先反覆地做輕鬆談話，讓對方一直作肯定答覆，當談到正題時，馬上會應允的。

*邀女同事約會，先講「我們一起走吧！」不怕她不答應。

方法2　刺激對方自尊心，使其良心不安

＜擴張自我愛的原則＞

委託對方辦事，與其說：「你也會辦成功。」不如說：「因為是你，才辦成功的。」更能使對方接受。

筆者近日閱讀美國口香糖大王威廉．李格萊的傳記，有一段有趣的小故事，與潛在心理術有密切關係。

故事敍述李格萊早期擔任肥皂公司的銷售員時，有一天，他漫不經心地去向雜貨店老闆推銷，很不幸，偏偏這老闆對李格萊的肥皂公司有極大的敵意，他不明究竟正要開口推銷，老闆就大罵該公司要倒閉。李格萊冷靜地說：「很抱歉，我不知有此事，今天也是有緣才能見面；我是新來的銷售員，沒有經驗，你經營雜貨店這麼多年，對肥皂產品一定很熟悉，請指導一下。」

李格萊的禮貌態度激發老闆的自尊心，老闆得意地說：「簡單的事。」就高談潤論起肥皂經來了。不僅熱心地談二個鐘頭的話，還高興地購買李格萊推銷的肥皂。

禮貌的請教態度可以激起對方的自尊心，並產生好感，以懇切態度接待有禮貌的人。如上司委託部屬辦事，相同的事，用不同的話說出，給部屬的印象有很大的差異。上司說：「這事請你

辦辦看。」、「因爲是你，這件事才跟你商量。」前一句是命令式的委託，部屬尚未應允心理就有警戒心，以拒絕的態度來聆聽；後一句話的「因爲是你」，能放鬆部屬的警戒心，引導出積極的態度。

不少公司都利用這種心理結構來求才，先將徵募條件影印寄到想徵募的地方，信上寫的文句不外是：「唯有二千萬人中的你」、「唯有某大學畢業的你」……可以激起對方的優越感和自尊心，收信者絕對會有好感。或者起先無意參加，看了如此文句，不知不覺就閱讀起內容，終於去報名應徵。

良心是對方的隱藏說客

使對方從拒絕轉變爲應允的態度，除激發對方自尊心的方法外，另有打動對方良心的方法，都很有效。美國心理學家派卡特，將隱藏在潛在心理的良心作用，命名爲自己的「隱藏說客」；即是用一種能打動對方良心的「哀求」，可使對方由拒絕改變爲應允態度。

美國的二位心理學家B·拉塔尼與J·M·達理，做過下列奇怪的心理實驗。

讓大學生對紐約曼哈頓的行人乞討，直接以「請給十分錢」的理由乞討，給錢者占三四％；以「不小心掉錢袋」爲由給錢者三八％；以「想打電話」爲由，給錢者占六四％；以「錢被扒走了」爲由，給錢者占七二％。

社會心理稱這種的反應結果爲「愛他行動」。主要看得到的資訊情形，即使是不合理的事，若良心諒解，還是會給錢。

新聞記者採訪新聞，爲了從採訪者處得到有關消息，不厭其煩地一再拜訪對方。新聞記者不分晝夜地頻繁拜訪，第一次也許會吃閉門羹，但最後對方就會被熱誠感動，不得不開口提供消息。這是打動對方良心的心理作戰方法。

按理說，一再地拜訪對方是自己甘願的事，被採訪者沒有任何義務要提供消息。可是記者的熱誠帶給對方良心上的不安，這不安逐漸形成，終於打動被採訪者的心。

所以，生意談判無計可施時，最後的王牌就是用哀求來打動良心。

不過上述方法還是要視對方性格而定。有的人對頻繁的拜訪，會產生更大的反感，反而愈堅持拒絕的態度，使用者必須將這種潛在心理術當成最後手段。

＊詢問部屬時，可以用「有一點事想請教」的話，激起對方的自尊心。

＊「這全靠你了！」這樣的言詞是使拒絕轉為應允的關鍵。

方法3　使對方以爲「未定事項」，已成爲「決定事項」

<調換前提的原則>

讓對方衡量利害得失

日本每到歲末，有關職棒的年薪調整就成了話題，有人說：

「打一次全壘打，就可以蓋章（調薪同意書）。」

報紙不斷地刊登這類消息。現在請讀者來扮演球隊的談判代表，假如談判席上，球隊最優秀的主投手一直要求薪水加倍，成爲年薪一億；但球隊方面認爲最高極限是八千萬，那麼球隊代表要如何說服這位主投手呢？

顯而易見的是，倘若對主投手說：

「什麼！不是所有球隊都付得起一億的?!」那談判很快就決裂了，對方一定會意氣用事地繼續堅持他的要求。

若應用潛在心理術，必須如此說：

「按你的實力，的確一億圓也不算高，可是球隊只付得起七千萬，如果再提高到八千萬，可能還可以考慮，我會爲你爭取的。」

主投手將回答：「既然如此，如果願意出八千萬也可以。」做爲球隊代表的你，仍必須露出一付爲難的樣子說：

「不！我說的八千萬只是可能，實際上還有些困難，若是七千萬就可以馬上簽合約，你是否要考慮一下？」

對方說：「不！我絕不再讓步。」

此時，你就長長地嘆一口氣，假裝不得已才照對方的意見：「唉！既然你那麼堅持，球隊也只好打開腰包掏錢出來，我們簽約吧！」

也許談判不會如此順利，但用來討論人的潛在心理，是說得通的。一般人判斷事物，會有無意識地比較兩種不同事物的傾向。一開始，有意圖地限定對方的選擇範圍，對方就會比較範圍內事物的利害得失，選擇對自己有利的部份。

以上述談判爲例，技巧地將一億圓轉換爲七千萬與八千萬的選擇，只要冷靜地考慮，仍是有談判的餘地。對方不知不覺間，並未覺察到談判餘地的存在；又加上故意地引用更大不利的負面條件，如上述談判中的負面條件是提示七千萬，雖選擇八千萬未必有利，但與七千萬相比，也就接受八千萬了。這是和另一個更不利條件比較的心理，可稱爲潛在心理術的「對比效果」。

使部下高興地接受不利調動的方法

利用對比效果，使對方不得不使用「對比選擇」。

原本不受歡迎的調動命令，巧妙地利用對比效果，就能使對方樂意接受。例如上司不得不轉告部屬，由總公司調到偏遠分公司的命令。這命令一定會引起部屬的抱怨，若上司公事公辦地說：「這是由總公司調到分公司的調動公文。」如此開門見山地說，不免會遭到部屬的反感。

一位擅長應用潛在心理術的上司，應該這樣來說服對方：「上次董事會本來要將你調派到乙公司，但我認爲那裏既遠又不方便，我極力地爭取，終於改到甲公司，你認爲如何？說不定機運一轉，會得到成功，要不要到新環境去努力奮鬥一下？」

當然，離開總公司到分公司服務，等於是降職，但本來是調到乙地分公司，經過上司極力爭取才到甲地分公司，而且甲地條件比乙地好；部屬聽了這番話，也就樂意接受調動。此種不給對方意識前提的對比效果，是說服術的強力武器。

美國著名口才研究家艾爾瑪·荷伊拉，曾說過一件趣事：週日上午，太太問先生：「今天你要幫我洗碗，還是要掃地？」丈夫立刻反射性地回答：「嗯！打掃吧！」這位丈夫從未在週日幫忙家事，假如太太換種方式對丈夫說：「你總算週日有空，至少今天該幫忙家事了吧！」也許丈夫會一口回絕。

這位丈夫會乾脆地答應太太要求的原因，是太太把最初應該質問的「你要不要幫忙？」故意省略，以在句中暗示幫忙的事做爲前提，使丈夫做具體的選擇主題。

＊問不想用功的孩子：「今天你要溫習，還是預習功課？」

＊問覺得做家庭旅行麻煩的丈夫：「這次是在國內，還是去國外？」

＜拒絕轉變爲應允的潛在心理術要點＞

自心理學觀點看，人會表示拒絕的情況有二種：一種是一開始就拒絕，如心中暗想「好！這次一定要拒絕人壽保險的推銷。」事先已準備拒絕態度。這與前述的「反對」情形相似，但「反對」多半是有邏輯的理由，事前拒絕的心理卻以感情成份居多。要打動感情，使其由拒絕轉爲應允，就必須用哭訴哀求激起對方的自尊心。

第二種「拒絕」，突發的「拒絕」。最初對方並無意拒絕，一聽見所說的話立即拒絕，如「錢借給我。」、「不，沒有。」在談話的過程產生歧見。遇上此情況，必須事先準備應用方法1和3，使對方不好意思拒絕，特別在消息上面下工夫，或拜託有力的介紹者替自己講話，做中間的和事佬。

引導消極者的積極性

〈競爭效果的原則〉

方法1　暗示對方有敵人存在

不責備、不加薪，却能提高工作效率的經營秘訣

美國一本著名的說服術書籍中，介紹一家金屬工廠老闆的經營秘訣。

這位老闆擁有許多工廠，其中一間工廠的業績不好，員工消極地無意工作，請假、遲到、早退的人很多，造成無法如期交貨；而且品質降低，不斷地受到客戶的抱怨。

工廠主管有時安撫，有時連哄帶騙，千方百計地使用各種方法，欲使員工認眞工作，仍然不見效果。

這家工廠是採用日夜二班制，於是有一天，老闆趁著日夜班的交替時間，詢問一位工人當天工作量，得到回答是六個金屬鑄型，他就一聲不響地拿著粉筆在地板寫上「6」。陸續進入工廠的夜班工人，看到地板上的「6」，丈二金剛摸不著頭緒，可是晚上的工作量是七個金屬鑄型；

第二天日班工人提高速度做十個鑄型，數字就改成「一〇」。一個月後，這工廠竟變成所有工廠中的佼佼者。

老闆僅靠一枝粉筆，就把工廠振興起來。探究員工們提高效率的原因，是由於老闆設定敵對關係，使員工有了競爭對象，工作就變得積極起來。

人都是有自尊心與自負的，這種心態造成想比別人更占優勢，希望自己是重要人物等自我擴張的潛在心理，心理學上稱爲「自我優越欲望」。因爲存在這種欲望，才推動努力成長，可說是構成積極進取精神的基本元素。

自我優越欲望，在有指定敵人時，會鮮明清楚的意識化。以學生爲例：有的學生一心想得好成績，卻十分散漫，這樣是不會進步的，一定要有勝過對方的決心才行。這是敵我意識，也就是競爭意識。

利用如此的心理結構，就算沒有連哄帶騙地安撫，也能引導出對方積極進取的精神。但若直接說：「他就是你的敵人。」絕不會引起預期效果，因爲帶有強迫性的感情，容易引起警戒心，對誘導產生抗拒。應該在不知不覺中，暗示敵人的存在。有一家著名補習班，將相同志願學校的學生座位排成一行，學生間自然產生敵對關係，誘導其埋首用功，這也是應用「潛在心理術」的例子。

最近，有位老闆同樣成功地運用這種方法。老闆的資深司機工作態度不佳，不但遲到，而且開車莽撞，老闆並未直接斥責，只是有次不經意地說：「你大概聽到過A君吧？每個人對他都頗有好感，他不但駕駛有禮貌，而且有時間觀念，非常準時。」

司機對老闆的這番話，並沒有任何明顯反應，但以後却轉變態度，專心一意地開車，也遵守時間。因爲司機認爲爲老闆駕駛是份光榮，不願讓A君取代，因此修正壞習慣。像這樣使對方發現敵人的存在，你的目的誘導會有八成的成功率。

*對態度消極且工作效率低的部屬，不妨暗示：「我期待你與A君兩人的表現。」使對方發現有敵人的存在。

*單調的勞動工作一定要分成多組競爭，才能提高效率。

方法2　用分工合作達到目標，並使困難工作容易化

〈心理目標的原則〉

使筆者願寫稿的編輯的潛在心理術

很久以前，有位編輯來拜訪筆者，希望能在二個月時間內寫三〇〇張稿，當時我很忙碌，有意拒絕。但聽了編輯的一席話，又改變心意答應了。編輯說：「二個月要寫三〇〇張稿，似乎很吃力，其實一天平均只有五張，應該不成問題。」

二個月寫三〇〇張確實很困難，但三〇〇除六十天，看來就容易得多。人們的心理眞是不可思議。

一個相同的工作，若提示好像是充滿困難，人就會畏縮不前，想要拒絕。反之，若提供容易的指示，就想應允。

有位心理學家費薩實驗證明了上述的理論。

他首先分二組受測者，對各組提出二個相同問題：會不會寫一筆劃？對第一組提供較容易的前提：可預期七〇%的成功率；另一組提供不太容易的前提：可預期五%的成功率。

結果預期七〇%成功率的第一組，有興趣全力解決第一題，另一組會放棄第一個五%成功率

的難題，直接去做第二題。

充分刺激「成功欲望」，使人自動自發地努力

人認爲不容易達成的工作，就會灰心、消極不想做，這和潛在心理的「成功欲望」有密切關係。這種一開始就要完成的本能欲望，與另一種消極欲望正好相反；成功欲望帶給人們成就的喜悅，一旦無法獲得成功，就會喪失進取精神。所以，充分刺激成功欲望，可以引起對目標的期望和成就。

爲了有效利用這樣的心理結構，必須與前述的編輯一樣誘導潛在心理，用分工法縮小目標。例如，一開始就給孩子唸厚厚的參考書是不智之舉。應該先以薄而頁數少的參考書，激起孩子的成功欲望，再繼續提供「刺激」，總有一天會將厚教材唸熟。

提到誘導人們積極進取精神的名人，首推日本的豐臣秀吉，他也是使用分工法來達成目標，當時他的名字仍是木下藤吉郎；木下主人信長的封邑清洲城，有六〇〇尺的城牆遭到損壞，主人信長趕快派人修理，一個月後無法完成。

木下在信長面前誇下海口：

「我只需要三天。」

於是信長派木下藤吉郎做修護城牆臨時監工，木下果眞三天就完成了。

適當地刺激「達成慾望」，人總是會自動採取行動。

木下藤吉郎的方法很簡單，將六〇〇尺長的城牆晝分爲五十格；每一人負責十二尺，分五十組，每組三天做十二尺。

對工人來說，六〇〇尺變成十二尺，工作不再是那麼困難，認爲一天就可以做好十二尺，於是很快就修好城牆。

所以，對困難目標喪失進取精神的人，用不著降低目標，只要重新「包裝」目標，改變對方對目標的看法，自會有強烈效果。

*給對方制定標準時，用「日」作單位，會有較大的效果。

*面對大目標而不知所措的人，給予工作簡單的暗示。

方法3　給對方冠上小頭銜，刺激對方獲得賞識的心理

＜差別化的原則＞

兩位能力相同的工人，卻有不同工作情形的原因

美國有一寓言：有二位工人在砌磚，其中一位看來懶洋洋，動作慢吞吞；另一個則生龍活虎，精力充沛地快速砌磚。相同的工作內容，卻有不同的工作表現。

有個人看見感到十分奇怪，個別地加以詢問：「你在做什麼？」工作消極者回答：「監工命令我做砌磚的工作。」

再詢問工作積極者相同問題，答道：「我正在砌磚，建造大教堂。」兩者的工作能力相當，表現卻有天壤之別，原因在於這二人「賞識欲望」的滿足度有差異。

賞識欲望就是希望獲得他人認可賞識的心理，也是使人發揮進取精神的要因之一。認爲自己受到監工命令而工作的工人，其賞識欲望是處在不滿足的狀態。

將工作賦予建造大教堂「名譽」的工人，其賞識欲望獲得滿足。

所以，賞識欲望的不同滿足度，造成工作態度與效率的差異。

若能好好利用這種心理結構，即使對方不願做或棘手的事，也能引導其積極工作的心理。有

一私立中學，歷年都把舉辦畢業旅行的事務交給學生負責，他們的工作頭銜是「旅行股」，分配在旅行股的學生都不樂意做這項工作。有一年，老師們將「旅行股」更名為「旅行委員」，工作內容並未變動，但因頭銜由「股」變為「委員」，於是學生們熱心地工作起來。這是賞識欲望獲得滿足的結果。

賞識欲望獲得滿足，就會自動工作

筆者將前述例子的效果稱為「頭銜效果」，社會上也廣泛地使用到頭銜效果。例如政治家後援會成員的頭銜多得令人吃驚，○○分部主任、○○委員、○○團團長，凡是在辦事處的人，幾乎都擁有許多頭銜。選舉時的募捐基金運動，這些多頭銜者不怕辛苦地站在助選員前面，大聲地為籌募基金而努力。

只要給對方人格賦予名譽，便產生頭銜效果。但想讓賞識欲望起作用的誘導術，還要對其工作本身賦予「有地位的名分」，也就是鼓勵的名義。

如日本某家人才徵募機構，負責登記的小姐態度欠佳，老闆就對她說：「公司最好派登記處的小姐去別的公司服務，將來就是最前線的行銷人員。」

此後，該小姐便一改從前的怠慢。

她原認為這並非重要職位，但因老闆提升其工作性質，才引導積極工作的精神。

無論任何手法，只要使對方認爲自己的工作和別人不同，即使不變更工作內容、不調整薪水，也能提高工作意願與幹勁。

*對資深的普通職員，最好冠以與本行無關的各種頭銜。

*稱讚別人也是滿足對方賞識欲望的一種辦法。

方法4　使對方參與決定，讓其產生自己有決定權的錯覺

＜決定委任的原則＞

利用美式的品管小組為心理誘導的日本式經營法

現在一般工廠，大多設有品管小姐，這是由現場工作的員工相互提出意見，改變工作程序，以提高品質的方法。筆者認爲這種方法最大的效果是利用大家互提意見，誘導出員工對工作或公司經營的「參加意識」。

「參加意識」是支配工作積極的要素。

凡是有關自己的事，潛在心理總有參加的欲望，使自己保持密切關係。即使「不想干預」，仍無法禁止這種潛在欲望的產生。

例如，平常不願參加無用會議的人，總覺得存有一種強烈的疏離感。這是無法滿足參加欲望所引起的感覺。

若有機會可以一抒己見，充分滿足參加欲望，心裏就會產生強烈的參加意識。一旦產生參加意識，就會有團體的目標就是自己的目標的錯覺。

因此激發積極進取精神，工作情形就會一直好轉。

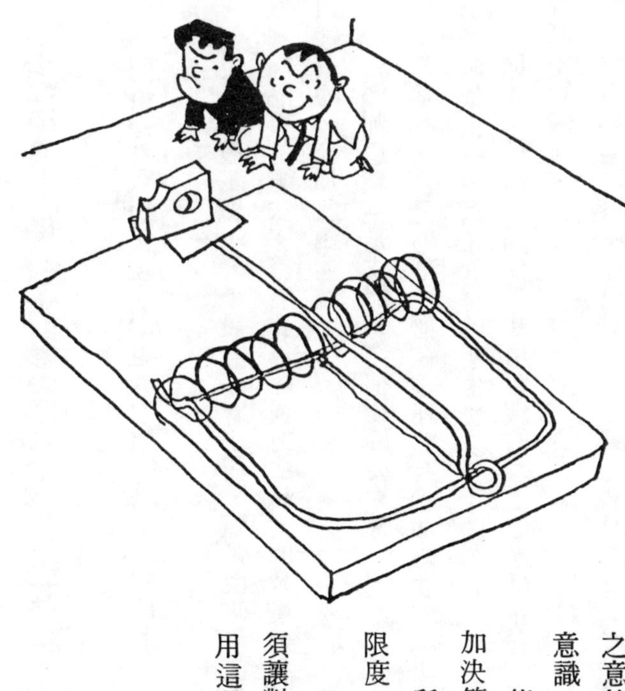

「參加小規模的工作」，可誘導出更大的幹勁。

美國心理學家雷亞德認爲，主管應懂得不要對部屬發命令，而改用詢問方式。他的言外之意就是仔細地傾聽對方意見，以誘導其參加意識。

能有效激發參加意識的，就是促使本人參加決策。

所謂決策，不外是本人意見能活用到最大限度，同時也誘導出最大限度的參加意識。

要誘導對方進取精神、積極工作態度，只須讓對方參加決策就可以了。下面介紹實際使用這種誘導術成功的例子。

使消極的州議員，改變為積極合作態度的心理誘導術

這是美國羅斯福總統仍在紐約州長任內發生的事。他所屬的民主黨州議員大半不肯做事，必須經議會通過的案件又堆積如山，他爲了鼓勵州議員們積極辦事，於是把州政府的重要人員錄用權，全部由州議員決定。

這是一種十分技巧的處理辦法，羅斯福若不中意州議員們推薦的人選，便以輿論反對爲由予拒絕，只有彼此都中意的人選才錄用。假若當初羅斯福按己意決定，必然會招致州議員們的反對。換個方式，讓議員們參加人事決定過程，使他們產生自己眞的決定人選的錯覺。

美國某心理學家，將指導者分爲獨裁型與民主型。民主型領導者的部屬，富有活力且工作積極。如果能創造出不做強迫決定的民主氣氛，即可算是成功的誘導術。

＊勸誘消極而無心做事的員工，參加以前從未出席過的會議。

＊不能採用對方意見為大綱時，可以讓對方決定小事項。

〈消極轉變爲積極的潛在心理術要點〉

想要誘導出積極進取精神有兩種辦法，一種是內發性動機，另一種就是外發性動機。內發性動機可以刺激「自我優越欲望」、「成功欲望」、「賞識欲望」、「參加欲望」等潛在心理發生作用，使對方自動積極地工作。

外發性動機，如給付銷售員高薪、利用物質報酬爲動機；或對運動員聲明，若比賽失利必須理光頭。外發性誘導法，雖能得到暫時性效果，但誘因一旦消失，很快又會恢復原狀。最好是使用內發性動機來打動潛在心理，做爲內發性誘導。

上述四種方法，對任何人都有效果，只是因不同類型效果也有所差異。對有男性氣概者，利用方法1的設定敵人法；對被暗示性較強的女性、兒童，利用方法2的縮小目標法；針對不滿意自己工作者，就用方法3激起賞識欲望；方法4的由對方決定法，是對任何方法都不適用的人使用，才會有效果。

12 要求➡撤回　使對方的強硬要求，順利撤回的方法

〈麻煩效果的原則〉

方法1　暗示通過對方要求的負面效果

使墨守成規的辦事員，撤回要求的方法

筆者有一位對教育很熱心的幼稚園園長朋友，有一天到附近的市立圖書館，與圖書館辦事員商量，每個月爲幼稚園的孩子們借二〇本書。

辦事員以圖書館規則，書的出借只能以三本爲限做藉口予以拒絕。辦事員說：「利用書籍者並非你一人，怎麼可以一下子借那麼多書。」

園長：「我明白了，那我每週就帶孩子來，一個個地借書出去。」

話剛說完，固執的辦事員忽然改變態度，不再堅持圖書館規則。

筆者所以提出上述的例子，是因爲園長打破辦事墨守成規的「官僚作風」，與成功地運用「負面效果」，使之收回陳腐的成規的方法。

使辦事員改變態度的原因有二：一是「遵守規則」；另一個是「不願添自己工作的麻煩」。如果通過前者要求，就無法滿足後者；也就是說，萬一孩子一個一個地借，辦事員會更忙碌。所以衡量得失，才改變態度。

再進一步地說，只須暗示若要滿足對方要求，就會產生負面效果，讓對方覺得條件不利於他。雖對方提出頑固的要求理由，但其內心的潛在心理，還是執著於本身的利害得失權衡，因此攻擊其利害心理，就能奏效。還可以針對對方的要求，暗示合理又帶有恫嚇色彩的提議，迫使對方撤回「成命」。

順利操縱難以應付的夏里阿品的經紀人

美國名富翁霍華休斯有段小趣聞。有一次，休斯想向某飛機製造廠購買三十四架飛機，其中必須先得到他所中意的十一架。最初由休斯自己交涉，但一直談不攏，休斯因此怒氣冲冲地退席。

後來，休斯派代理人繼續交涉，無論如何十一架要先交貨。

結果，代理人不但得到十一架優先交貨，甚至以更有利的條件得到三〇架。因爲代理人每逢交涉僵持時，就開口說：

「你到底想要和我，還是和休斯先生交涉。」

只要暗示將來會有的不利，對方就會撤回要求。

每一說這句話，廠商馬上說：「好吧！照你的意思辦。」

代理人總是不斷暗示「休斯先生要再登場」的王牌。凡是遇到廠商堅持要求時，就強調和休斯先生交涉的不利。

在這種場合，若對方表現情緒的反應，最好提示具體的損益數字。美國有一位一流的經紀人S·修洛克，他曾擔任世界著名的藝術家，如夏里阿品、伊薩德拉·坦干、安娜、巴普洛瓦等的經紀人。

這些藝術家都是不隨和、難應付的，尤其夏里阿品更是難應付。

例如：今晚夏里阿品應該登台表演，但他一不高興，就打電話告訴經紀人：

「今天不舒服，晚上不表演了。」

修洛克立刻趕到旅館對他說：

「唉！看到你不舒服，心裏實在很難過。勉強上台表演，反而會貶低評價，不如取消二千美元的合約，對你較有好處。」

結果夏里阿品露出猶豫的臉色，到開演前，便電話通知如期登台表演。對易動感情又提出頑固要求者，只要提示其要求所招致的損失，立刻就會收到效果。

切記一點，必須充分地觀察追隨對方的情緒。像修洛克一方面能夠表示最大的同情，藉以撫慰夏里阿品的心情，這是問題的關鍵。

＊顧客要求更廉價品時，暗示品質不好會帶來負面的結果。

＊若員工要求提高工資，則暗示會增加開除人數。

方法2 事先瞭解對方要求，反過來加以利用

〈先發制人效果的原則〉

預定五〇萬美元卻變成七五萬美元購買額的心理因素

使特地來借貸的對方，知難而退的簡單方法，就是先發制人地搶先宣佈：「唉！最近手頭很緊，還考慮向你借貸呢！」

前日本首相中曾根曾說：「日本是單一民族國家。」正因如此，日本人本質上都有相同的毛病。日本人到國外完全不懂剛才所說的借貸應答，非但無法先發制人，反被別人奪得先機。

現在日本企業正盛行收購美國企業，如新力公司以二〇億美元收購美國CBS公司的唱片部門。在十年前，日本企業根本沒有具備收購外國企業的能力。

例如日本一家精密機器廠商，爲了確保在美國的銷路，想購買美國的經銷公司，但缺乏對方的充分情報。

精密機器公司老闆與經銷公司老闆直接談判，日本方面預定五〇萬的購買額，尚未開口，對方開門見山地搶先說：「七五萬以下免談。」日本老闆不得已依價購買。爲何預定五〇萬卻以七五萬成交？其中的原因何在？

先發制人也可阻止孩子的任性

筆者在經濟方面是門外漢，站在心理學家的立場看，美日經濟所以時常衝突摩擦，最大原因是日本不擅長談判。美方經常要求日方取消進口限制、降低關稅，日方對如此要求，原應以本身立場爲原則，正面提出反對意見來談判才是。但日方卻儘量避免對立，一味地說：「我們會積極地加以處理。」結果反而歪曲問題的本意。

不僅是國際問題，就連切身問題也要避免說含糊不清的話。如管教孩子時，日本父母往往以「改天吧！」「下一次吧！」來搪塞孩子，逃避暫時的痲煩；歐美的父母就大爲不同，他們會斷然地說「不！」拒絕對方之後，再說明其理由。就算是任性的孩子，一遭到斷然拒絕，也會死心，不再埋怨。用於大人也是有效的。

＊公司對挑剔毛病的客戶，不妨先下手為强地指責：「未按期繳納分期付款的款項。」

＊勿以曖昧的話拒絕對方，要用堅定的言詞斷然拒絕。

方法3　有意識地讓對方所預期的反應落空

〈中斷法的原則〉

瀨島龍三使老奸巨滑的森脇將光投降的方法

瀨島龍三年輕時有這樣一段小故事：瀨島龍三任職於伊藤忠貿易公司，剛當上業務主任不久，正好芝浦精糖公司（現在的三井製糖公司）的一百萬股（當時股市行情平穩），為專放高利貸、聲名不佳的森脇將光所得。

瀨島龍三爲了取回這些股份，隻身去拜訪森脇氏。

據說，森脇一見面就向瀨島提出許多有關票據的問題。當時瀨島才剛結束在蘇聯的拘留生活回到日本，對於票據問題當然一無所知，無言以對。

森脇突然聲色俱厲地說：

「你在貿易公司做事，對於票據竟毫無所知！」

瀨島迫於無奈，只好很客氣地說：

「我十二年來只懂得軍隊和俘虜生活而已。」

露出笑容，可中斷對方的攻擊。

森脇一聽，立刻收起先前的無禮態度，說一句「非常抱歉！」後，便將全部股票還給瀨島。即狡猾的專放高利貸者，爲了使對方屈服，使對於自己的感情都能收放自如，控制得很好；但瀨島龍三却以與生俱有的誠實、正直和坦率的人格，打動。

他這樣無意中所表現的反應，正是阻止對方進攻的最佳戰術。

根據這個故事來看，瀨島很成功地兩度避開森脇的攻擊。第一次森脇故意提出票據問題，想以理屈服對方，這是所謂的「邏輯的攻擊」。不料瀨島的反應却與其預期的正相反，他毫不掩飾自己的無知，反而對森脇產生攻其不備的效果。

第二次森脇改用「感情的進攻」方式，想佯裝動怒來恫嚇對方，使對方不是氣勢削減，就是會被生氣的情緒沖昏頭。不料瀨島却坦白地談起私事，完全出乎森脇意料之外。前後兩次森脇的意圖都被瀨島阻斷，使「攻擊的情緒」鎮定下來，終於平心靜氣地和對方談判。

換言之，利用對方預料之外的反應，就能中斷其來勢洶洶的攻擊。在對方大聲抗議之前，一定要先發制人，讓對方鎮定下來，這是斷絕對方氣憤攻擊的一個好方法。

笑容也是打斷對方要求的一種方法

在對方攻擊時露出笑容，和出乎對方預料之外的反應具有相同意義，對阻止對方攻勢具有良好效果。山崎由美子是日本著名的優秀狄斯可舞蹈設計師，她告訴我要集合狄斯可從業人員，有一個巧妙的要領：

「有的人在犯錯時，只要說一聲抱歉就能得到別人的原諒，有的人則不然。前者就是因爲他在道歉時能露出笑容，遮掩了他的過錯。因此，我在集合這些從業人員時，都是以這樣的笑容找他們。」

山崎小姐所指的是天生擁有笑容的人。我們所談的，則是有意圖地微微露出笑容，來對付那個冲昏頭的人；對他來說，笑容是意料之外的反應，其攻擊慾望自然就會減低。

還有一個可中斷對方攻擊的方法，稱爲「改變位置關係」法。舉例來說，在門市部工作的汽車推銷員權力有限，若顧客講價超過其權限，他就必須向銷售經理或老闆請示，此時客戶討價還價的攻擊意志就被中途打斷；另方面，客戶當然希望能和可以全權處理的人講價，此時他知道推銷員沒有這個權力時，由於期望落空，就會放棄原先的攻擊態度。

從這個例子來看，推銷員一次又一次地離席去請教上司，而延長談判時間，其實是藉此使客戶的攻擊性緩和下來。

*應付對方情緒化的攻擊，有時以微笑相對是一個很好的方法。

*應付對方合乎邏輯的攻擊時，可以佯裝不懂其意，請對方再說明一次的方式，來打斷對方的邏輯。

＜讓對方撤回要求的潛在心理術要點＞

一個人在要求某事時，內容往往不太明確。因此，推測對方的眞正要求，是使我方占優勢的一大前題。

但是，談判不只是依靠邏輯的談論和對內容的了解就可以成立。會有各種可能發生，有時對方會洞悉我方弱點而作不合理的要求，或以恫嚇方式來達到要求；有時也會發生邏輯性的說服方式行不通的場面。面對這些情形，我們就應該利用以下的方法來應付，以發揮最大的效果。

第一、在對方提出不正當的要求時，我方要設法找出對其不利的方面，促使對方撤回要求。

第二、對方的要求合乎邏輯時，就要採先發制人的方式。

第三、當我方立場不利，無法辯解時，要利用佯攻作戰來打斷對方所預測的反應，以挫對方的鋒芒。

13 原則↓眞義

誘導出對方以原則作逃避的眞正意圖

〈緊張與緩和的原則〉

方法1 演出由「公」而「私」的大落差

電視座談會結束之後的演出才眞正有趣

因爲工作上的關係，我經常有機會受邀參加許多電視座談會。座談會的主題名目衆多，然而不管哪一種座談會，都具有一項共同點——通常電視上沒有播放的部份，才是眞正有趣的。

也許各位要抗議，爲什麼電視台要把這眞正有趣的部份給删掉?!我所謂「電視上沒有播放的部份」，是指主持人宣布座談會結束，導播說完「各位辛苦了!」之後，所有參加者就開始閒談聊天，就是這個部份比電視上正式播出的座談會還令人感興趣。

名爲閒談，事實上所談的仍不離這次座談會的主題。

例如，有一次座談會的主題是「最近的大學生氣質」，一名受邀的評論家，在正式座談時說得甚爲苛刻，認爲現在的大學生缺乏年輕人的銳氣。

利用緊張之後的鬆懈，是誘導對方吐露眞心話的最好機會。

但在座談會後，他談到：「我決定讓兒子到美國留學。」充份顯示爲兒子前途擔憂的傻爸爸模樣。

另一個大學教授在座談會時附和該評論家的意見，說：

「的確如此。大學生只有在鬧學潮時才有年輕人的樣子！」

但在事後，他才吐露眞心：「其實我覺得暴力還是不太好的。」

我在想，如果把他們這些閒談拍攝下來，對於節目收視率的提高也許大有幫助。爲什麼電視座談會結束後的談話，會比節目本身更有趣呢？

這是因爲參加者在緊張之後的鬆弛所造成的。

在電視節目正式播出時，因爲自己的言

論會在千萬人面前出現，與會者當然不免緊張起來，每一句話都經過愼重考慮後才說出口。在節目播出的自始至終都根據這個原則，難免不太自然，影響到談話內容也不怎麼有趣。但在導播一聲「各位辛勞了！」之後，大家的精神頓時放鬆，彷彿如大水沖過堤岸般，不斷地吐露眞言。

這時候，就發生比電視上播出的更有趣的場面了。出席座談會的有許多人都是彼此第一次見面，在短短一個小時的節目之後，大家就如同老朋友般地熱絡。如果他們參加的是一般的討論會，不是電視錄影這種緊張的場合，恐怕就不會如此了。因爲一般的討論會不像電視轉播容易使人緊張，所以會議後的鬆弛效果也小得多。

抓住對方弱點的方法

當對方一直只談原則時，「抓住對方弱點」是一個誘導對方說出眞心話的好方法。一般人在緊張之後突然鬆懈下來時，往往容易吐露眞言。所以，爲探知對方的眞正意圖，我會在一開始先談公事，然後再突然談起私人的話題，利用這種由「公」而「私」的落差，打動對方的潛在心理。

在一部相當受歡迎的電視影集中，柯柏偵探就是採用這個方法來追查兇手。例如，他在質問有嫌疑的一家人時，在一一問過他們的不在場證明後，對他們說：「謝謝各位幫忙。」就準備離開。此時和電視正式錄影之後，導播說完「大家辛苦了！」一樣。在下一秒鐘，他突然回頭說：

「我現在才想起來，想再問大家一個問題。」此時才鬆一口氣的兇嫌終於露出馬脚，在柯柏偵探問一些與案件無關的問題時，不知不覺地說出眞言。

在警局詢問兇嫌時也會發生同樣的情形。例如兇嫌在警局的調查室中堅持不肯招供，之後他想上洗手間，一位刑警假裝不在意地跟著他去，兩人在洗手間時互相閒聊，兇嫌往往在此時不知不覺說出眞話。

所以，如果你想聽屬下的眞心話，最好先在公司聽取他們的意見，下班後再一起到輕鬆的場合去飲酒作樂；這時，他們在輕鬆之餘，就會不自覺地吐露出眞心話。

*在對方只談原則，無法得知其真實意圖時，就在交談中途隨意安插一個「休息時間」。

*若要聽屬下的真心話，「改變場所」——從公司到公司以外的場所，是一個好方法。

方法2 製造精神上的煩惱以擾亂對方

〈給予精神上煩惱的原則〉

逼對方陷入「孤獨」，以使國會議員說真心話的心理誘導術

現在再為各位介紹一個有關電視節目的故事。日本前首相田中因「洛克希德事件」被捕時，我受某電視台之託，製作一個名為「一百個國會議員的意見」的節目。電視台希望這些平常只談原則性問題的國會議員們，能做眞心的談話，問我是否有好方法？

如果我詢問某議員對於「洛克希德事件」有何看法時，若有其他議員在場，我們大概可預測他們會說什麼。

因此，我採用回答「是」或「不是」的回答方式，並且是以按電鈴表示。這個方式在其他節目中也常見，但是我把一百位國會議員以小房間隔開，讓他們彼此看不見，在私人的隱密狀態下回答問題。當然，我在事先並沒有告訴他們是採用這種方式，直到這些國會議員進了攝影棚後我才讓他們知道。

節目正式開始後，議員們起初還很放鬆，在問題提出之後就逐漸緊張。因為在沒有小房間隔開時，他們可看見熟識的老朋友，對於問題可以一笑帶過，或者幾個人一起討論，整個會場充滿

著和樂的氣氛。但是，在個別隔離的狀況下，不但完全與外界失去連絡，攝影機又正對著他們，難怪在問題進行中，他們的精神會不自覺地緊張起來。

這時候，這些議員們大概正受到難以名狀的精神壓迫。我的目的並不在讓他們體驗這種精神壓迫，而是要讓他們在受到精神上的煩惱時，就無法再繼續堅持說那些原則性的話，變得容易說出眞心話。

事實上，其中一位國會議員就認爲電視台不尊重他們，在節目進行中途憤而離席。但這也是因爲他們不願意說眞心話，我才採用按鈴的方式進行問答。他們果然都吐露眞言，使這個節目甚獲好評。

就業面談時的主考官以「荒唐的質問」洞穿應徵者的真心

這種手法也被應用於判斷間諜的適性實驗。例如，政府當局把一個候補情報員監禁在密室中，再僞裝成敵國的組織對他施行威脅、恫嚇等刑求逼問，如果這位候補情報員至終都未洩漏身份，才算及格。

這個例子也許過於極端，但一般人在受到精神上的刺激時，的確較容易說出眞心話。有一種人總是能運用策略套出別人的秘密，就是胡說瞎猜，再從對方的反應來推測。因爲一般人被說中心事時，臉上總會不自覺地露出痕跡，這被猜中心事的潛在心理與遭受精神壓迫是同樣道理，而終於坦承自己心裡所想的。

據說某公司的人事專員，在主考面談時會發出這樣的問題：

「你的志願是什麼？父母親的職業是什麼？」

在這種平常的問題之後，會突然問：

「你是童貞嗎？」

也許有人會認爲，主考官怎麼會提出這麼不高雅的問題來。他們並不是故意開玩笑的，而是想藉這種出其不意的問題，進一步了解應徵人員的性格。

在這一類問題提出後，有的人會臉紅、有人會動怒、有人依然應答如流……任何一種反應，都表現出應徵者本身也察覺不出的眞心來。經由以上說明，相信各位可以明白，這種方法還算是相當中肯的。

*突然間提出對方意想不到的問題，多半會使對方說出真心話。

*詢問的速度不要慢，要連續不斷地發出問題，才會使對方因慌張而說出真心話。

方法3　把自己的無知當作一種「甜頭」給對方

〈刺激自尊心的原則〉

「產生自己是被信賴的快感」可以表明真心

一位老資格的雜誌編輯透露，訪問「大人物」時，有兩種方法可以使之表明眞心。一是挑撥對方使之動怒。有一位著名女新聞記者就經常使用這種方法，成功地使許多世界一流人物發表出眞心話。

另一個方法就是假裝自己無知，誘導出對方的本意。

一般而言，「大人物」都是很驕傲的，要他們表明眞心更是不容易。如果採用平常的訪問方式，就只能描繪出世人已知的一般形象來而已，於是前述的名記者才使用「鞭笞」（使對方動怒）的方法。

後面所談的是使用「甜頭」方式，兩者都是要使對方吐露眞言的方法。「鞭笞」法是給予對方精神上的壓力，以刺激對方的潛在心理。現在要談的則是讓對方「嚐甜頭」的方法，這種方法通常比「鞭笞」法更有效。

爲什麼顯示自己的無知能讓對方嚐到「甜頭」呢？

刺激其自尊心，對方一定會主動說話。

因爲，顯示自己的無知可使對方鬆懈，放棄警戒心；一方面又以低姿態向對方請教，可以使之產生「有人依賴自己」的快感。

除非是脾氣彆扭的人，否則一般人對於他人誠心誠意的討教，總是感到很高興的。理由很簡單，人總是有一種要比別人占優勢的潛在慾望，討教就是坦白承認「我在你之下」，無疑即表明「你是比我優秀」。

如果對方是本就心性高傲的「大人物」，更是絕對相信自己的優越性。

因此，若採用反駁、挫對方銳氣的方法，應該也是有效的。

但是要注意，這種方式稍不小心出了差錯，即會弄巧成拙地遭對方驅逐。

所以，還是採取低姿態迎合對方，才是比較聰明的潛在心理術應用法。

當然，這個方式是假裝無知，並非眞的無知，否則對方會逐漸不理睬你。不妨在事前先調查好對方一件事，並準備好他可能會有反應的問題。同時，在提出問題之前，應獲得對方的諒解，先說：「這些對我而言是很專門性的問題，我也不太清楚……」如此誘導對方說出眞話，才是運用這個方法的秘訣。

＊在與對方談話不順利時，就要向對方討教。

＊想要屬下表明真心話時，最好是採用互相商量的態度，並說：「我真的不懂你們的心意。」

＜本項潛在心理術的要點＞

人對於原則性談話和說眞心話的不同使用方式，從婚禮的喜宴場面中最容易看出。出席喜宴者，大多是穿著禮服，打扮整齊而斯文。這是拘泥於虛禮的場面，人們總是不厭其煩地反覆說著祝辭：「新郎是以優異的成績從某學校畢業」、「新娘是才德兼備的標準女性」等等，這便是原則性的談話。等到正式的宴會散場後，好朋友們就會吐露新郎新娘的眞實「過去」，因爲這是「非正式」的場合，也就是不講虛禮的場面。

在正式的場合時，由於知道自己的言行會被別人注意，可能產生某種效果。因此，一般人在正式的場合裡，總是只談原則性的話。方法1和方法3就是在建立自己和對方的非正式關係；方法2在這方面就比較困難，因爲使對方混亂的方法只要一不小心，就會招致對方的憤怒。所以，這方法保留至不得已時才使用。

大展出版社有限公司	圖書目錄

地址：台北市北投區11204
致遠一路二段12巷1號
郵撥： 0166955～1

電話：(02) 8236031
8236033
傳眞：(02) 8272069

・法律專欄連載・電腦編號 58

台大法學院 法律學系／策劃
法律服務社／編著

①別讓您的權利睡著了1　200元
②別讓您的權利睡著了2　200元

・秘傳占卜系列・電腦編號 14

①手相術　淺野八郎著　150元
②人相術　淺野八郎著　150元
③西洋占星術　淺野八郎著　150元
④中國神奇占卜　淺野八郎著　150元
⑤夢判斷　淺野八郎著　150元
⑥前世、來世占卜　淺野八郎著　150元
⑦法國式血型學　淺野八郎著　150元
⑧靈感、符咒學　淺野八郎著　150元
⑨紙牌占卜學　淺野八郎著　150元
⑩ＥＳＰ超能力占卜　淺野八郎著　150元
⑪猶太數的秘術　淺野八郎著　150元
⑫新心理測驗　淺野八郎著　160元

・趣味心理講座・電腦編號 15

①性格測驗１　探索男與女　淺野八郎著　140元
②性格測驗２　透視人心奧秘　淺野八郎著　140元
③性格測驗３　發現陌生的自己　淺野八郎著　140元
④性格測驗４　發現你的真面目　淺野八郎著　140元
⑤性格測驗５　讓你們吃驚　淺野八郎著　140元
⑥性格測驗６　洞穿心理盲點　淺野八郎著　140元
⑦性格測驗７　探索對方心理　淺野八郎著　140元
⑧性格測驗８　由吃認識自己　淺野八郎著　140元
⑨性格測驗９　戀愛知多少　淺野八郎著　140元

⑩性格測驗10	由裝扮瞭解人心	淺野八郎著	140元
⑪性格測驗11	敲開內心玄機	淺野八郎著	140元
⑫性格測驗12	透視你的未來	淺野八郎著	140元
⑬血型與你的一生		淺野八郎著	140元
⑭趣味推理遊戲		淺野八郎著	140元

・婦 幼 天 地・電腦編號 16

①八萬人減肥成果	黃靜香譯	150元
②三分鐘減肥體操	楊鴻儒譯	150元
③窈窕淑女美髮秘訣	柯素娥譯	130元
④使妳更迷人	成　玉譯	130元
⑤女性的更年期	官舒妍編譯	160元
⑥胎內育兒法	李玉瓊編譯	150元
⑦早產兒袋鼠式護理	唐岱蘭譯	200元
⑧初次懷孕與生產	婦幼天地編譯組	180元
⑨初次育兒12個月	婦幼天地編譯組	180元
⑩斷乳食與幼兒食	婦幼天地編譯組	180元
⑪培養幼兒能力與性向	婦幼天地編譯組	180元
⑫培養幼兒創造力的玩具與遊戲	婦幼天地編譯組	180元
⑬幼兒的症狀與疾病	婦幼天地編譯組	180元
⑭腿部苗條健美法	婦幼天地編譯組	150元
⑮女性腰痛別忽視	婦幼天地編譯組	150元
⑯舒展身心體操術	李玉瓊編譯	130元
⑰三分鐘臉部體操	趙薇妮著	160元
⑱生動的笑容表情術	趙薇妮著	160元
⑲心曠神怡減肥法	川津祐介著	130元
⑳內衣使妳更美麗	陳玄茹譯	130元
㉑瑜伽美姿美容	黃靜香編著	150元
㉒高雅女性裝扮學	陳珮玲譯	180元
㉓蠶糞肌膚美顏法	坂梨秀子著	160元
㉔認識妳的身體	李玉瓊譯	160元
㉕產後恢復苗條體態	居理安・芙萊喬著	200元
㉖正確護髮美容法	山崎伊久江著	180元

・青 春 天 地・電腦編號 17

①A血型與星座	柯素娥編譯	120元
②B血型與星座	柯素娥編譯	120元
③O血型與星座	柯素娥編譯	120元
④AB血型與星座	柯素娥編譯	120元

⑤青春期性教室	呂貴嵐編譯	130元
⑥事半功倍讀書法	王毅希編譯	150元
⑦難解數學破題	宋釗宜編譯	130元
⑧速算解題技巧	宋釗宜編譯	130元
⑨小論文寫作秘訣	林顯茂編譯	120元
⑪中學生野外遊戲	熊谷康編著	120元
⑫恐怖極短篇	柯素娥編譯	130元
⑬恐怖夜話	小毛驢編譯	130元
⑭恐怖幽默短篇	小毛驢編譯	120元
⑮黑色幽默短篇	小毛驢編譯	120元
⑯靈異怪談	小毛驢編譯	130元
⑰錯覺遊戲	小毛驢編譯	130元
⑱整人遊戲	小毛驢編譯	120元
⑲有趣的超常識	柯素娥編譯	130元
⑳哦！原來如此	林慶旺編譯	130元
㉑趣味競賽100種	劉名揚編譯	120元
㉒數學謎題入門	宋釗宜編譯	150元
㉓數學謎題解析	宋釗宜編譯	150元
㉔透視男女心理	林慶旺編譯	120元
㉕少女情懷的自白	李桂蘭編譯	120元
㉖由兄弟姊妹看命運	李玉瓊編譯	130元
㉗趣味的科學魔術	林慶旺編譯	150元
㉘趣味的心理實驗室	李燕玲編譯	150元
㉙愛與性心理測驗	小毛驢編譯	130元
㉚刑案推理解謎	小毛驢編譯	130元
㉛偵探常識推理	小毛驢編譯	130元
㉜偵探常識解謎	小毛驢編譯	130元
㉝偵探推理遊戲	小毛驢編譯	130元
㉞趣味的超魔術	廖玉山編著	150元
㉟趣味的珍奇發明	柯素娥編著	150元
㊱登山用具與技巧	陳瑞菊編著	150元

•健 康 天 地• 電腦編號 18

①壓力的預防與治療	柯素娥編譯	130元
②超科學氣的魔力	柯素娥編譯	130元
③尿療法治病的神奇	中尾良一著	130元
④鐵證如山的尿療法奇蹟	廖玉山譯	120元
⑤一日斷食健康法	葉慈容編譯	120元
⑥胃部強健法	陳炳崑譯	120元
⑦癌症早期檢查法	廖松濤譯	130元

⑧老人痴呆症防止法	柯素娥編譯	130元
⑨松葉汁健康飲料	陳麗芬編譯	130元
⑩揉肚臍健康法	永井秋夫著	150元
⑪過勞死、猝死的預防	卓秀貞編譯	130元
⑫高血壓治療與飲食	藤山順豐著	150元
⑬老人看護指南	柯素娥編譯	150元
⑭美容外科淺談	楊啟宏著	150元
⑮美容外科新境界	楊啟宏著	150元
⑯鹽是天然的醫生	西英司郎著	140元
⑰年輕十歲不是夢	梁瑞麟譯	200元
⑱茶料理治百病	桑野和民著	180元
⑲綠茶治病寶典	桑野和民著	150元
⑳杜仲茶養顏減肥法	西田博著	150元
㉑蜂膠驚人療效	瀨長良三郎著	150元
㉒蜂膠治百病	瀨長良三郎著	150元
㉓醫藥與生活	鄭炳全著	160元
㉔鈣長生寶典	落合敏著	180元
㉕大蒜長生寶典	木下繁太郎著	160元
㉖居家自我健康檢查	石川恭三著	160元
㉗永恒的健康人生	李秀鈴譯	200元
㉘大豆卵磷脂長生寶典	劉雪卿譯	150元
㉙芳香療法	梁艾琳譯	160元
㉚醋長生寶典	柯素娥譯	元

•實用女性學講座• 電腦編號 19

①解讀女性內心世界	島田一男著	150元
②塑造成熟的女性	島田一男著	150元
③女性整體裝扮學	黃靜香編著	180元
④職業婦女禮儀	黃靜香編著	180元

•校園系列• 電腦編號 20

①讀書集中術	多湖輝著	150元
②應考的訣竅	多湖輝著	150元
③輕鬆讀書贏得聯考	多湖輝著	150元
④讀書記憶秘訣	多湖輝著	150元
⑤視力恢復！超速讀術	江錦雲譯	180元

•實用心理學講座•電腦編號 21

①拆穿欺騙伎倆	多湖輝著	140元
②創造好構想	多湖輝著	140元
③面對面心理術	多湖輝著	140元
④僞裝心理術	多湖輝著	140元
⑤透視人性弱點	多湖輝著	140元
⑥自我表現術	多湖輝著	150元
⑦不可思議的人性心理	多湖輝著	150元
⑧催眠術入門	多湖輝著	150元
⑨責罵部屬的藝術	多湖輝著	150元
⑩精神力	多湖輝著	150元
⑪厚黑說服術	多湖輝著	150元
⑫集中力	多湖輝著	150元
⑬構想力	多湖輝著	150元
⑭深層心理術	多湖輝著	160元
⑮深層語言術	多湖輝著	160元
⑯深層說服術	多湖輝著	180元
⑰潛在心理術	多湖輝著	160元

•超現實心理講座•電腦編號 22

①超意識覺醒法	詹蔚芬編譯	130元
②護摩秘法與人生	劉名揚編譯	130元
③秘法！超級仙術入門	陸　明譯	150元
④給地球人的訊息	柯素娥編著	150元
⑤密教的神通力	劉名揚編著	130元
⑥神秘奇妙的世界	平川陽一著	180元
⑦地球文明的超革命	吳秋嬌譯	200元
⑧力量石的秘密	吳秋嬌譯	180元

•養 生 保 健•電腦編號 23

①醫療養生氣功	黃孝寬著	250元
②中國氣功圖譜	余功保著	230元
③少林醫療氣功精粹	井玉蘭著	250元
④龍形實用氣功	吳大才等著	220元
⑤魚戲增視強身氣功	宮　嬰著	220元
⑥嚴新氣功	前新培金著	250元
⑦道家玄牝氣功	張　章著	180元

⑧仙家秘傳袪病功	李遠國著	160元
⑨少林十大健身功	秦慶豐著	180元
⑩中國自控氣功	張明武著	250元
⑪醫療防癌氣功	黃孝寬著	220元
⑫醫療強身氣功	黃孝寬著	220元
⑬醫療點穴氣功	黃孝寬著	220元

•社會人智囊• 電腦編號 24

①糾紛談判術	清水增三著	160元
②創造關鍵術	淺野八郎著	150元
③觀人術	淺野八郎著	180元
④應急詭辯術	廖英迪編著	160元
⑤天才家學習術	木原武一著	160元
⑥猫型狗式鑑人術	淺野八郎著	180元
⑦逆轉運掌握術	淺野八郎著	180元

•精 選 系 列• 電腦編號 25

①毛澤東與鄧小平	渡邊利夫等著	280元
②中國大崩裂		180元

•心 靈 雅 集• 電腦編號 00

①禪言佛語看人生	松濤弘道著	180元
②禪密教的奧秘	葉逯謙譯	120元
③觀音大法力	田口日勝著	120元
④觀音法力的大功德	田口日勝著	120元
⑤達摩禪106智慧	劉華亭編譯	150元
⑥有趣的佛教研究	葉逯謙編譯	120元
⑦夢的開運法	蕭京凌譯	130元
⑧禪學智慧	柯素娥編譯	130元
⑨女性佛教入門	許俐萍譯	110元
⑩佛像小百科	心靈雅集編譯組	130元
⑪佛教小百科趣談	心靈雅集編譯組	120元
⑫佛教小百科漫談	心靈雅集編譯組	150元
⑬佛教知識小百科	心靈雅集編譯組	150元
⑭佛學名言智慧	松濤弘道著	220元
⑮釋迦名言智慧	松濤弘道著	220元
⑯活人禪	平田精耕著	120元
⑰坐禪入門	柯素娥編譯	120元

⑱現代禪悟	柯素娥編譯	130元
⑲道元禪師語錄	心靈雅集編譯組	130元
⑳佛學經典指南	心靈雅集編譯組	130元
㉑何謂「生」　阿含經	心靈雅集編譯組	150元
㉒一切皆空　般若心經	心靈雅集編譯組	150元
㉓超越迷惘　法句經	心靈雅集編譯組	130元
㉔開拓宇宙觀　華嚴經	心靈雅集編譯組	130元
㉕真實之道　法華經	心靈雅集編譯組	130元
㉖自由自在　涅槃經	心靈雅集編譯組	130元
㉗沈默的敎示　維摩經	心靈雅集編譯組	150元
㉘開通心眼　佛語佛戒	心靈雅集編譯組	130元
㉙揭秘寶庫　密敎經典	心靈雅集編譯組	130元
㉚坐禪與養生	廖松濤譯	110元
㉛釋尊十戒	柯素娥編譯	120元
㉜佛法與神通	劉欣如編著	120元
㉝悟（正法眼藏的世界）	柯素娥編譯	120元
㉞只管打坐	劉欣如編譯	120元
㉟喬答摩・佛陀傳	劉欣如編著	120元
㊱唐玄奘留學記	劉欣如編譯	120元
㊲佛敎的人生觀	劉欣如編譯	110元
㊳無門關（上卷）	心靈雅集編譯組	150元
㊴無門關（下卷）	心靈雅集編譯組	150元
㊵業的思想	劉欣如編著	130元
㊶佛法難學嗎	劉欣如著	140元
㊷佛法實用嗎	劉欣如著	140元
㊸佛法殊勝嗎	劉欣如著	140元
㊹因果報應法則	李常傳編	140元
㊺佛敎醫學的奧秘	劉欣如編著	150元
㊻紅塵絕唱	海　若著	130元
㊼佛敎生活風情	洪丕謨、姜玉珍著	220元
㊽行住坐臥有佛法	劉欣如著	160元
㊾起心動念是佛法	劉欣如著	160元
㊿四字禪語	曹洞宗青年會	200元
51妙法蓮華經	劉欣如編著	160元

・經 營 管 理・電腦編號 01

◎創新經營六十六大計（精）	蔡弘文編	780元
①如何獲取生意情報	蘇燕謀譯	110元
②經濟常識問答	蘇燕謀譯	130元
③股票致富68秘訣	簡文祥譯	200元

④台灣商戰風雲錄	陳中雄著	120元
⑤推銷大王秘錄	原一平著	180元
⑥新創意・賺大錢	王家成譯	90元
⑦工廠管理新手法	琪　輝著	120元
⑧奇蹟推銷術	蘇燕謀譯	100元
⑨經營參謀	柯順隆譯	120元
⑩美國實業24小時	柯順隆譯	80元
⑪撼動人心的推銷法	原一平著	150元
⑫高竿經營法	蔡弘文編	120元
⑬如何掌握顧客	柯順隆譯	150元
⑭一等一賺錢策略	蔡弘文編	120元
⑯成功經營妙方	鐘文訓著	120元
⑰一流的管理	蔡弘文編	150元
⑱外國人看中韓經濟	劉華亭譯	150元
⑲企業不良幹部群相	琪輝編著	120元
⑳突破商場人際學	林振輝編著	90元
㉑無中生有術	琪輝編著	140元
㉒如何使女人打開錢包	林振輝編著	100元
㉓操縱上司術	邑井操著	90元
㉔小公司經營策略	王嘉誠著	160元
㉕成功的會議技巧	鐘文訓編譯	100元
㉖新時代老闆學	黃柏松編著	100元
㉗如何創造商場智囊團	林振輝編譯	150元
㉘十分鐘推銷術	林振輝編譯	120元
㉙五分鐘育才	黃柏松編譯	100元
㉚成功商場戰術	陸明編譯	100元
㉛商場談話技巧	劉華亭編譯	120元
㉜企業帝王學	鐘文訓譯	90元
㉝自我經濟學	廖松濤編譯	100元
㉞一流的經營	陶田生編著	120元
㉟女性職員管理術	王昭國編譯	120元
㊱ＩＢＭ的人事管理	鐘文訓編譯	150元
㊲現代電腦常識	王昭國編譯	150元
㊳電腦管理的危機	鐘文訓編譯	120元
㊴如何發揮廣告效果	王昭國編譯	150元
㊵最新管理技巧	王昭國編譯	150元
㊶一流推銷術	廖松濤編譯	150元
㊷包裝與促銷技巧	王昭國編譯	130元
㊸企業王國指揮塔	松下幸之助著	120元
㊹企業精鋭兵團	松下幸之助著	120元
㊺企業人事管理	松下幸之助著	100元

㊻華僑經商致富術	廖松濤編譯	130元
㊼豐田式銷售技巧	廖松濤編譯	120元
㊽如何掌握銷售技巧	王昭國編著	130元
㊿洞燭機先的經營	鐘文訓編譯	150元
㊾新世紀的服務業	鐘文訓編譯	100元
㊾成功的領導者	廖松濤編譯	120元
㊾女推銷員成功術	李玉瓊編譯	130元
㊾ＩＢＭ人才培育術	鐘文訓編譯	100元
㊾企業人自我突破法	黃琪輝編著	150元
㊾財富開發術	蔡弘文編著	130元
㊾成功的店舖設計	鐘文訓編著	150元
㊾企管回春法	蔡弘文編著	130元
㊾小企業經營指南	鐘文訓編譯	100元
㊾商場致勝名言	鐘文訓編譯	150元
㊾迎接商業新時代	廖松濤編譯	100元
㊾新手股票投資入門	何朝乾　編	180元
㊾上揚股與下跌股	何朝乾編譯	180元
㊾股票速成學	何朝乾編譯	180元
㊾理財與股票投資策略	黃俊豪編著	180元
㊾黃金投資策略	黃俊豪編著	180元
㊾厚黑管理學	廖松濤編譯	180元
㊾股市致勝格言	呂梅莎編譯	180元
㊾透視西武集團	林谷燁編譯	150元
㊾巡迴行銷術	陳蒼杰譯	150元
㊾推銷的魔術	王嘉誠譯	120元
㊾60秒指導部屬	周蓮芬編譯	150元
㊾精銳女推銷員特訓	李玉瓊編譯	130元
㊾企劃、提案、報告圖表的技巧	鄭　汶　譯	180元
㊾海外不動產投資	許達守編譯	150元
㊾八百伴的世界策略	李玉瓊譯	150元
㊾服務業品質管理	吳宜芬譯	180元
㊾零庫存銷售	黃東謙編譯	150元
㊾三分鐘推銷管理	劉名揚編譯	150元
㊾推銷大王奮鬥史	原一平著	150元
㊾豐田汽車的生產管理	林谷燁編譯	150元

•成功寶庫•電腦編號02

①上班族交際術	江森滋著	100元
②拍馬屁訣竅	廖玉山編譯	110元
④聽話的藝術	歐陽輝編譯	110元

書名	作者	定價
⑨求職轉業成功術	陳　義編著	110元
⑩上班族禮儀	廖玉山編著	120元
⑪接近心理學	李玉瓊編著	100元
⑫創造自信的新人生	廖松濤編著	120元
⑭上班族如何出人頭地	廖松濤編著	100元
⑮神奇瞬間瞑想法	廖松濤編譯	100元
⑯人生成功之鑰	楊意苓編著	150元
⑱潛在心理術	多湖輝　著	100元
⑲給企業人的諍言	鐘文訓編著	120元
⑳企業家自律訓練法	陳　義編譯	100元
㉑上班族妖怪學	廖松濤編著	100元
㉒猶太人縱橫世界的奇蹟	孟佑政編著	110元
㉓訪問推銷術	黃静香編著	130元
㉕你是上班族中強者	嚴思圖編著	100元
㉖向失敗挑戰	黃静香編著	100元
㉙機智應對術	李玉瓊編著	130元
㉚成功頓悟100則	蕭京凌編譯	130元
㉛掌握好運100則	蕭京凌編譯	110元
㉜知性幽默	李玉瓊編譯	130元
㉝熟記對方絕招	黃静香編譯	100元
㉞男性成功秘訣	陳蒼杰編譯	130元
㊱業務員成功秘方	李玉瓊編著	120元
㊲察言觀色的技巧	劉華亭編著	130元
㊳一流領導力	施義彥編譯	120元
㊴一流說服力	李玉瓊編著	130元
㊵30秒鐘推銷術	廖松濤編譯	150元
㊶猶太成功商法	周蓮芬編譯	120元
㊷尖端時代行銷策略	陳蒼杰編著	100元
㊸顧客管理學	廖松濤編著	100元
㊹如何使對方說Yes	程　羲編著	150元
㊺如何提高工作效率	劉華亭編著	150元
㊼上班族口才學	楊鴻儒譯	120元
㊽上班族新鮮人須知	程　羲編著	120元
㊾如何左右逢源	程　羲編著	130元
㊿語言的心理戰	多湖輝著	130元
51扣人心弦演說術	劉名揚編著	120元
53如何增進記憶力、集中力	廖松濤譯	130元
55性惡企業管理學	陳蒼杰譯	130元
56自我啟發200招	楊鴻儒編著	150元
57做個傑出女職員	劉名揚編著	130元
58靈活的集團營運術	楊鴻儒編著	120元

⑹個案研究活用法	楊鴻儒編著	130元
⑹企業教育訓練遊戲	楊鴻儒編著	120元
⑹管理者的智慧	程 義編譯	130元
⑹做個佼佼管理者	馬筱莉編譯	130元
⑹智慧型說話技巧	沈永嘉編譯	130元
⑹活用佛學於經營	松濤弘道著	150元
⑹活用禪學於企業	柯素娥編譯	130元
⑹詭辯的智慧	沈永嘉編譯	150元
⑹幽默詭辯術	廖玉山編譯	150元
⑺拿破崙智慧箴言	柯素娥編譯	130元
⑺自我培育・超越	蕭京凌編譯	150元
⑺時間即一切	沈永嘉編譯	130元
⑺自我脫胎換骨	柯素娥譯	150元
⑺贏在起跑點—人才培育鐵則	楊鴻儒編譯	150元
⑺做一枚活棋	李玉瓊編譯	130元
⑺面試成功戰略	柯素娥編譯	130元
⑺自我介紹與社交禮儀	柯素娥編譯	150元
⑻說NO的技巧	廖玉山編譯	130元
⑻瞬間攻破心防法	廖玉山編譯	120元
⑻改變一生的名言	李玉瓊編譯	130元
⑻性格性向創前程	楊鴻儒編譯	130元
⑻訪問行銷新竅門	廖玉山編譯	150元
⑻無所不達的推銷話術	李玉瓊編譯	150元

・處 世 智 慧・電腦編號 03

①如何改變你自己	陸明編譯	120元
②人性心理陷阱	多湖輝著	90元
④幽默說話術	林振輝編譯	120元
⑤讀書36計	黃柏松編譯	120元
⑥靈感成功術	譚繼山編譯	80元
⑧扭轉一生的五分鐘	黃柏松編譯	100元
⑨知人、知面、知其心	林振輝譯	110元
⑩現代人的詭計	林振輝譯	100元
⑫如何利用你的時間	蘇遠謀譯	80元
⑬口才必勝術	黃柏松編譯	120元
⑭女性的智慧	譚繼山編譯	90元
⑮如何突破孤獨	張文志編譯	80元
⑯人生的體驗	陸明編譯	80元
⑰微笑社交術	張芳明譯	90元
⑱幽默吹牛術	金子登著	90元

⑲攻心說服術	多湖輝著	100元
⑳當機立斷	陸明編譯	70元
㉑勝利者的戰略	宋恩臨編譯	80元
㉒如何交朋友	安紀芳編著	70元
㉓鬥智奇謀（諸葛孔明兵法）	陳炳崑著	70元
㉔慧心良言	亦　奇著	80元
㉕名家慧語	蔡逸鴻主編	90元
㉗稱霸者啟示金言	黃柏松編譯	90元
㉘如何發揮你的潛能	陸明編譯	90元
㉙女人身態語言學	李常傳譯	130元
㉚摸透女人心	張文志譯	90元
㉛現代戀愛秘訣	王家成譯	70元
㉜給女人的悄悄話	妮倩編譯	90元
㉞如何開拓快樂人生	陸明編譯	90元
㉟驚人時間活用法	鐘文訓譯	80元
㊱成功的捷徑	鐘文訓譯	70元
㊲幽默逗笑術	林振輝著	120元
㊳活用血型讀書法	陳炳崑譯	80元
㊴心　燈	葉于模著	100元
㊵當心受騙	林顯茂譯	90元
㊶心・體・命運	蘇燕謀譯	70元
㊷如何使頭腦更敏銳	陸明編譯	70元
㊸宮本武藏五輪書金言錄	宮本武藏著	100元
㊺勇者的智慧	黃柏松編譯	80元
㊼成熟的愛	林振輝譯	120元
㊽現代女性駕馭術	蔡德華著	90元
㊾禁忌遊戲	酒井潔著	90元
52摸透男人心	劉華亭編譯	80元
53如何達成願望	謝世輝著	90元
54創造奇蹟的「想念法」	謝世輝著	90元
55創造成功奇蹟	謝世輝著	90元
56男女幽默趣典	劉華亭譯	90元
57幻想與成功	廖松濤譯	80元
58反派角色的啟示	廖松濤編譯	70元
59現代女性須知	劉華亭編著	75元
61機智說話術	劉華亭編譯	100元
62如何突破內向	姜倩怡編譯	110元
64讀心術入門	王家成編譯	100元
65如何解除內心壓力	林美羽編著	110元
66取信於人的技巧	多湖輝著	110元
67如何培養堅強的自我	林美羽編著	90元

⑱自我能力的開拓	卓一凡編著	110元
⑳縱橫交涉術	嚴思圖編著	90元
㉑如何培養妳的魅力	劉文珊編著	90元
㉒魅力的力量	姜倩怡編著	90元
㉓金錢心理學	多湖輝著	100元
㉔語言的圈套	多湖輝著	110元
㉕個性膽怯者的成功術	廖松濤編譯	100元
㉖人性的光輝	文可式編著	90元
㉘驚人的速讀術	鐘文訓編譯	90元
㉙培養靈敏頭腦秘訣	廖玉山編著	90元
㉚夜晚心理術	鄭秀美編譯	80元
㉛如何做個成熟的女性	李玉瓊編著	80元
㉜現代女性成功術	劉文珊編著	90元
㉝成功說話技巧	梁惠珠編譯	100元
㉞人生的真諦	鐘文訓編譯	100元
㉟妳是人見人愛的女孩	廖松濤編著	120元
㊲指尖・頭腦體操	蕭京凌編譯	90元
㊳電話應對禮儀	蕭京凌編著	120元
㊴自我表現的威力	廖松濤編譯	100元
㊵名人名語啟示錄	喬家楓編著	100元
㊶男與女的哲思	程鐘梅編譯	110元
㊷靈思慧語	牧　風著	110元
㊸心靈夜語	牧　風著	100元
㊹激盪腦力訓練	廖松濤編譯	100元
㊺三分鐘頭腦活性法	廖玉山編譯	110元
㊻星期一的智慧	廖玉山編譯	100元
㊼溝通說服術	賴文琇編譯	100元
㊽超速讀超記憶法	廖松濤編譯	140元

・健康與美容・電腦編號04

①B型肝炎預防與治療	曾慧琪譯	130元
③媚酒傳（中國王朝秘酒）	陸明主編	120元
④藥酒與健康果菜汁	成玉主編	150元
⑤中國回春健康術	蔡一藩著	100元
⑥奇蹟的斷食療法	蘇燕謀譯	110元
⑧健美食物法	陳炳崑譯	120元
⑨驚異的漢方療法	唐龍編著	90元
⑩不老強精食	唐龍編著	100元
⑪經脈美容法	月乃桂子著	90元
⑫五分鐘跳繩健身法	蘇明達譯	100元

國立中央圖書館出版品預行編目資料

掌握潛在心理／多湖輝著；程義譯
——初版——臺北市；大展，民84
面；　公分——（實用心理學講座；17）
譯自：人を動かす潛在心理術
ISBN 957-557-557-1（平裝）

1.應用心理學

177　　80411779

本書原書名：人を動かす潛在心理術
著　　者：多湖　輝
發 行 所：株式會社ごま書房
版權代理／宏儒企業有限公司

ISBN 957-557-557-1

掌握潛在心理

原著者／多　湖　輝
編譯者／程　　義
發行人／蔡　森　明
出版者／大展出版社有限公司
社　址／台北市北投區（石牌）
致遠一路二段12巷1號
電　話／(02) 8236031・8236033
傳　眞／(02) 8272069
郵政劃撥／0166955－1
登記證／局版臺業字第2171號

承印者／高星企業有限公司
裝　訂／日新裝訂所
排版者／千賓電腦打字有限公司
電　話／（02）8836052
初　版／1995年（民84年）12月
定　價／160元

大展好書 好書大展